LA BÚSQUEDA DE DIOS

por el hombre

A.W. TOZER

LA BÚSQUEDA DE DIOS
por el hombre

CASA
CREACIÓN
Para vivir la Palabra

Para vivir la Palabra

 La búsqueda de Dios por el hombre por A. W. Tozer
Publicado por Casa Creación
Miami, Florida
www.casacreacion.com
©2020 Derechos reservados

Library of Congress Control Number: 2013931072
ISBN: 978-1-62136-167-1
E-book ISBN: 978-1-62136-176-3

Desarrollo editorial: *Grupo Nivel Uno, Inc.*
Diseño interior: *Grupo Nivel Uno, Inc.*

Copyright © 2013 por Casa Creación

Publicado originalmente en inglés bajo el título:
God's Pursuit of Man © 1950, renewed 1978
by Lowell Tozer.
Translated and printed by permission.
All rights reserved.

Impreso en Colombia

20 21 22 23 LBS 9 8 7 6 5 4 3 2 1

A todos los peregrinos de la eternidad
cuya falta de confianza en la tierra
los ha constreñido
a buscar en Dios una sustancia más perdurable,
ofrezco este pequeño trabajo
que humildemente les dedico.

Contenido

Prólogo

STE LIBRO CONTIENE medicina fuerte, amarga al gusto, pero potente si se toma con contrición y convicción. Para una generación contenta con su autosuficiencia, emocionalmente exhausta por las tonterías y bobadas de algunos líderes bienintencionados pero engañados, familiarizados con una palabrería llena de sutilezas de cuidadosas frases teológicas, la medicina puede ser demasiado amarga. Solo los desesperados se beneficiarán. Que los caídos del Señor sean muchos; que los desesperados sean multiplicados. Solo entonces podremos experimentar lo que algunos de nosotros conocemos de memoria.

Algunos señalarán donde están en desacuerdo. Demasiado de esto o demasiado de aquello será el truco. No esté entre ellos. ¿Qué si se dice algo diferente? ¿Qué si el predicador sostiene otra opinión sobre la soberanía, la santidad, el hombre (él puede estar en lo correcto)? No pierda el meollo por enfrascarse en un estudio de la corteza.

El autor es un profeta, un hombre de Dios; su vida tanto como sus sermones atestiguan ese hecho. Aquí él habla; no, predica; no, ruge el mensaje de Dios para aquellos de nosotros que estamos terriblemente sumidos en la pobreza, pensando que somos ricos y no tenemos necesidad de nada. No se asuste de lo rugiente del lenguaje. Tampoco tema las expresiones audaces, con picos de golpes de iluminación. Para todos los que oigan, para todos los que obedezcan, aquí está la respuesta de Dios para nuestras necesidades: Él mismo.

—William Culbertson
Expresidente del Moody Bible Institute

Prefacio

CREO QUE ES imposible para cualquiera familiarizado con el Antiguo Testamento sentarse a escribir un libro sin recordar con algún desasosiego las palabras del predicador, el hijo de David, rey de Jerusalén: "Ahora, hijo mío, a más de esto, sé amonestado. No hay fin de hacer muchos libros; y el mucho estudio es fatiga de la carne" (Eclesiastés 12:12).

Pienso que podemos concluir sabiamente que el mundo, por esa expresión de cansancio, ha sido salvado de la terrible experiencia de un vasto número de libros sin valor que de otro modo se habrían escrito.

Por esto tenemos con el antiguo rey sabio una deuda mucho más profunda de lo que sabemos. Pero si este recuerdo de los muchos libros ya escritos ha ayudado siquiera un poco a frenar la realización de algunos otros más pobres, ¿habrá obrado también impidiendo la aparición de algunos que podrían haber tenido un auténtico mensaje para la humanidad? No lo creo.

El único libro que debería ser escrito es el que fluye desde el corazón, forzado por la presión interior.

Cuando una obra tal se ha gestado dentro de un hombre es casi seguro que debe ser escrita. El hombre que tiene la carga de un mensaje no debe volverse por ninguna consideración displicente. Su libro debe ser para él no solo imperativo, sino inevitable.

Este pequeño libro sobre el camino espiritual no ha sido "hecho" en ningún sentido mecánico; ha nacido de una necesidad interior. A riesgo de quedar en dudosa compañía, debo reclamar para mí el testimonio de Eliú, hijo de Baraquel buzita, de la familia de Ram: "Porque lleno estoy de palabras, y me apremia el espíritu dentro de mí" (Job 32:18). Y su temor de que si no hablaba lo que debía, como un odre nuevo, "estallaría en pedazos" es bien entendido por mí. La vista de una iglesia languideciente a mi alrededor y la operación de un nuevo poder espiritual dentro de mí me ponen una presión imposible de resistir. Sea o no que este libro alcance a un vasto público, sigue debiendo ser escrito por la única razón de liberar una insoportable carga de mi corazón.

Junto con este franco relato de su génesis espiritual déjeme seguir diciéndole (y no tenga en cuenta la aparente contradicción) que no reclamo para el libro ni originalidad ni ningún grado de inspiración más allá de la que puede gozar cualquiera de los siervos de Dios. La "presión" de la que hablo puede resultar no ser más que el apretar y tensar que resulta del esfuerzo para ser bueno en un mundo malo y honrar a Dios en medio de una generación de cristianos resueltos a darle gloria a cualquiera menos a Él.

En cuanto a originalidad, ¿no ha señalado alguien que solo Adán fue completamente original? "Cada hombre, dijo Emerson, es una cita de sus ancestros". Todo lo que puedo esperar es que este libro pueda marcar un énfasis correcto en un tiempo oportuno. Si el lector descubriera aquí algo realmente nuevo que se sienta seguro de rechazarlo, porque en religión que una cosa sea nueva es de por sí señal de que es falsa.

Sin duda el lector detectará en estas páginas trazas de otros corazones además del mío. Yo seré el primero en señalar que la influencia de muchas mentes está en ellas en todos lados. Los maestros de la vida interior están aquí (aunque imperfectamente representados), los santos maestros a cuyos pies me he sentado larga y amorosamente y de cuyas fuentes he extraído agua con reverencia y gratitud. Levanto mis ojos agradeciendo a Dios por los hombres que me han enseñado a desear el mejor camino: Nicholas Herman y ese otro Nicolás de Cusa y el Maestro Eckhart y Fenelón y Faber. Nombro a estos porque son los que más me han enseñado, pero también he tenido otros maestros. Entre ellos el más singular es el viejo "John Smith M. A.", cuyo nombre lo vuelve casi anónimo. No conozco casi nada acerca de él, excepto que su estilo es como el de Lord Francis Bacon y su espíritu como el espíritu del cuarto Evangelio y que cuando él publicó cuidadosamente unos pocos de sus sermones, uno de ellos, en un feliz momento, fue gentilmente colocado en mis manos por un veterano misionero.

No reclamo nada como una concienzuda erudición. No estoy diciendo tener ninguna especial sabiduría. No soy una autoridad respecto a la enseñanza de ningún hombre; nunca he tratado de serlo. Tomo mi ayuda donde la encuentro y pongo a pacer mi corazón donde las pasturas son más verdes. Solo pongo una condición: mi maestro debe conocer a Dios, como dijo Carlyle, "no solamente de oídas", y Cristo debe ser todo en todo para él. Si un hombre solo tiene para ofrecerme una doctrina correcta, estoy seguro de que me escaparé en el primer intervalo para buscar la compañía de alguien que haya visto por sí mismo cuán amoroso es el rostro de aquel que es la Rosa de Sarón y el Lirio de los Valles. Tal hombre puede ayudarme, en tanto que el otro no.

El argumento de este libro es la *esencial interioridad* de la verdadera religión. Espero mostrar que si podemos conocer el poder del mensaje cristiano nuestra naturaleza debe ser invadida por un Objeto desde más allá de ella; que Eso que es externo debe llegar a ser interno; que la Realidad objetiva que es Dios debe cruzar el umbral de nuestra personalidad y establecer allí su residencia.

Puede argüirse a esto que estoy en un error, pero como Blake escribió una vez, "Si estoy errado, estoy errado en buena compañía". Porque ¿no es esa otra manera de decir: "El espíritu es el que da vida; la carne para nada aprovecha"? (Juan 6:63). Lo fundamental de una recta vida interior fue la esencia de la enseñanza de Cristo y fue sin duda una de las principales causas de que Él fuera rechazado por esos notorios fariseos. Pablo también predicó continuamente la doctrina de que Cristo mora en nosotros, y la historia revelaría que la Iglesia ha ganado o perdido poder exactamente cuando se ha movido hacia la interioridad de su fe o se ha apartado de ella.

Quizás una palabra de advertencia no vendría mal aquí: es que nos cuidemos del común hábito de poner la confianza en los libros por ser tales. Se necesita un determinado esfuerzo de la mente para liberarse del error de hacer de los libros y maestros fines en sí mismos.

Lo peor que un libro puede hacerle a un cristiano es dejarle la impresión de que ha recibido de él algo realmente bueno; lo mejor que puede hacer es señalarle el camino hacia el Bien que está buscando. La función de un buen libro es plantarse como un indicador que dirija al lector hacia la Verdad y la Vida. Ese libro sirve mejor cuanto más rápidamente se vuelve innecesario, así como un indicador sirve mejor después que es olvidado, después que el viajero ha llegado a salvo al puerto deseado. La tarea de un buen libro es incitar al lector a la acción moral, volver sus ojos hacia Dios y urgirlo a seguirlo. No debe ir más allá de esto.

Algo debería decirse aquí sobre la palabra *religión* que ocurre a lo largo de estas páginas. Sé cuán descuidadamente la palabra ha sido usada por muchos y cuántas definiciones ha recibido de manos de filósofos y psicólogos. Permítame expresar, tan claramente como me sea posible, que la palabra *religión* tal como la uso aquí significa la obra total de Dios en un hombre y la respuesta total del hombre a esa obra interior. Me refiero al poder de Dios trabajando en el alma como el individuo lo conoce y experimenta. Pero la palabra también tiene otras denotaciones. Algunas veces significará doctrina, otras veces significará la fe cristiana o el cristianismo en su más amplio sentido. Es una buena palabra, y es escritural. He tratado de usarla cuidadosamente, pero invoco la caridad del lector para perdonar la falta que pudiera encontrar más frecuentemente de lo que deseo.

Es imposible viajar al sur sin volver nuestra espalda al norte. Uno no puede plantar hasta haber arado ni avanzar hasta haber removido los obstáculos que estaban delante. Sin embargo es bastante esperable que un poco de amable crítica se encuentre ocasionalmente aquí. Cualquiera sea la cosa que se interponga en el camino del progreso espiritual, he sentido el deber de oponerme, y es sumamente difícil oponerse sin tocar los sentimientos de algunos. El más caro error, el más peligroso y el más difícil de corregir, siempre.

Pero yo traería todas las cosas a la prueba de la Palabra y del Espíritu. "Dios es Espíritu", dice nuestro Señor, "y los que le adoran, en espíritu y en verdad es necesario que adoren" (Juan 4:24). Aunque nunca es posible tener el Espíritu sin al menos alguna medida de verdad, infortunadamente es posible tener la cáscara de la verdad sin el Espíritu. Nuestra esperanza es que podamos tener tanto el Espíritu como la verdad en la más plena medida.

CAPÍTULO 1

El continuo eterno

Como estuve con Moisés, estaré contigo (Josué 1:5).

L A PRIORIDAD INCONDICIONAL de Dios en su universo es la verdad que se celebra tanto en el Antiguo Testamento como en el Nuevo. El profeta Habacuc cantó en su clamoroso lenguaje: "¿No eres tú desde el principio, oh Jehová, Dios mío, Santo mío?" (1:12). El apóstol Juan lo presentó con cuidadosas palabras cargadas de un profundo significado: "En el principio era el Verbo, y el Verbo era con Dios, y el Verbo era Dios. Este era en el principio con Dios. Todas las cosas por él fueron hechas, y sin él nada de lo que ha sido hecho, fue hecho" (Juan 1:1–3).

Esta verdad es tan necesaria para pensar correctamente acerca de Dios y de nosotros mismos que no se puede enfatizar lo suficiente. Es una verdad conocida por todos, una especie de propiedad común de todas las personas religiosas, pero precisamente por ser tan común ya significa poco para algunos de nosotros. Ha sufrido la suerte de la que Coleridge escribe:

> Las verdades, sobre todo las más pavorosas e interesantes, muchas veces son consideradas como tan ciertas que pierden todo su poder de verdad y yacen postradas en el dormitorio del alma, junto con los más despreciables y refutables errores.

La prioridad divina es una de esas verdades "postradas". Desearía hacer todo lo posible para rescatarla "del descuido provocado por la circunstancia de su admisión universal". Las verdades descuidadas del cristianismo solo pueden ser revitalizadas cuando mediante oración y larga meditación las separamos de la masa de ideas confusas que llenan nuestras mentes y las sostenemos constante y decididamente en el foco de atención de la mente.

Dios es el gran antecedente de todas las cosas. Por cuanto Él es, nosotros y todo lo demás somos. Él es aquel "Ser terrible y sin origen", autocausado, autocontenido y autosuficiente. Faber vio esto cuando escribió su gran himno para celebrar la eternidad de Dios.

> Gran Dios, tú no tienes Juventud,
> Un fin sin principio eres tú;
> Tu gloria en sí misma moró
> Y morando sigue en su sereno corazón;

Ninguna edad puede en ti acumular sus años.
¡Amado Dios! Tú mismo eres tu propia
eternidad.

No saltee esto como si fuera meramente otro poema.
La diferencia entre una gran vida cristiana y otra cualquiera reside en la calidad de nuestros conceptos religiosos, y las ideas que expresan estas seis líneas *pueden*
ser como los peldaños de la escalera de Jacob que nos
llevan a ascender a una idea de Dios más profunda y
satisfactoria.

No podemos pensar correctamente de Dios hasta
que no comenzamos a pensar que Él siempre ha estado *allí*, y *primero*. Josué tuvo que aprender esto. Había
sido durante tanto tiempo el siervo de Moisés el siervo de Dios, y había recibido la Palabra de Dios con tal
seguridad de su boca, que Moisés y el Dios de Moisés
se habían mezclado en su mente, tan mezclados que
apenas si podía separar ambos pensamientos; por asociación siempre aparecían juntos en su mente. Ahora
Moisés está muerto, y para que el joven Josué no se
deje abatir por la desesperación, Dios le habla y le asegura: "Como estuve con Moisés, estaré contigo" (Josué
1:5; 3:7). Nada había cambiado y nada se había perdido.
Nada de Dios muere cuando muere un hombre de Dios.

"Como estuve…estaré." Solo Dios puede decir esto.
Solo el Eterno puede afirmarse como el Yo Soy sin
tiempo y decir: "Estuve" y "estaré".

Aquí reconocemos (con temor y asombro ante tal pensamiento) la esencial unidad de la naturaleza de Dios, la persistencia atemporal de su ser inmutable a través del tiempo y de la eternidad. Aquí comenzamos a ver y a sentir el continuo eterno. Dondequiera que comencemos, Dios estuvo primero. Él es el Alfa y la Omega, el principio y el fin, el que fue, el que es y el que vendrá, el Todopoderoso. Si retrocedemos hasta los límites más alejados del pensamiento donde la imaginación toca el vacío anterior a la creación, encontraremos a Dios allí. En una mirada unificada en el presente, Él abarca todas las cosas desde la eternidad, y el batir de un ala de un serafín de aquí a millones de años es visto por Él ahora sin mover sus ojos.

Alguna vez consideré estos pensamientos como una baratija puramente metafísica sin ningún sentido práctico en un mundo como este. Ahora las reconozco como verdades reales y fáciles de captar con ilimitado potencial para el bien. No tener un punto de vista correcto en el comienzo de nuestras vidas cristianas puede resultar en debilidad y esterilidad por el resto de nuestros días. ¿Podrá ser que la incompetencia de gran parte de nuestra vida espiritual se deba al hábito de andar brincando por los corredores del reino como los niños en el supermercado, parloteando sobre todo, pero sin detenernos a aprender el verdadero valor de nada?

Como criatura impaciente, deseo frecuentemente que haya una manera de llevar a los cristianos modernos a una vida espiritual más profunda sin dolor y mediante lecciones breves y fáciles, pero tales deseos son vanos. No hay atajos. Dios no se ha sometido a nuestra nerviosa prisa ni ha aceptado los métodos de nuestra era tecnológica. Es bueno que aceptemos la dura verdad ahora: *El hombre que quiere conocer a Dios debe entregarle su tiempo.* No debe considerar malgastado el tiempo que emplea en cultivar su relación. Debe entregarse a la meditación y la oración por muchas horas. Así hicieron los santos de la antigüedad, la gloriosa compañía de los apóstoles, los profetas y los creyentes de la santa Iglesia en todas las generaciones. Y lo mismo debemos hacer nosotros si queremos seguir sus pisadas.

Pensamos en Dios, entonces, como alguien que mantiene la unidad de su ser increado estando en todas sus obras y a través de todos los siglos, diciendo: "Lo hice", "lo haré", "lo hago" y "lo estoy haciendo".

Una fe robusta requiere que captemos firmemente esta verdad, pero sabemos que un pensamiento tal casi nunca pasa por nuestras mentes. Por lo general nos quedamos en *nuestro* ahora y miramos hacia atrás por la fe para ver el pasado lleno de Dios. Miramos hacia delante y lo vemos habitando nuestro futuro, pero nuestro *ahora* está deshabitado, excepto por nosotros mismos. Por lo tanto somos culpables de una suerte de ateísmo temporal que nos deja solos en el universo mientras que, por el momento, Dios no está allí. Hablamos y hasta vociferamos mucho acerca de Él, pero secretamente pensamos en Él como alguien ausente, y pensamos en nosotros mismos como morando en un intervalo parentético entre el Dios que era y el Dios que será. Estamos solos en una soledad antigua y cósmica. Cada uno de nosotros es como un niño perdido en un supermercado atestado, que se alejó unos pocos metros de su madre, pero como no puede verla se siente desconsolado. Así que intentamos cualquier método ideado por la religión para mitigar nuestros temores y sanar nuestra oculta tristeza; pero a pesar de todo el esfuerzo que hagamos seguimos siendo infelices, con una permanente desesperación de hombres solos en un vasto y desolado universo.

Pero pese a nuestros temores no estamos solos. Nuestro problema es que nos *pensamos* como estando solos. Corrijamos este error pensando en nosotros como si estuviésemos de pie a la orilla de un caudaloso río; luego pensemos que ese río no es otro sino Dios mismo. Miramos a nuestra izquierda y vemos que el río viene repleto de nuestro pasado; miramos a la derecha y vemos que fluye hacia nuestro futuro. *Pero vemos que también está fluyendo en nuestro presente.* Y en nuestro hoy es el mismo que fue ayer, no menos que, ni diferente del anterior, sino el mismo río, un continuo inquebrantable, cuyas fuerzas no mermaron, está activo y fuerte y se mueve con soberanía hacia nuestro mañana.

Dondequiera que la fe haya sido genuina, dondequiera que haya probado ser real, invariablemente ha habido sobre ella un sentido de un *Dios presente*. Las Sagradas Escrituras tienen en alto grado este sentimiento de verdadero encuentro con una Persona real. Los hombres y las mujeres de la Biblia hablaban con Dios. Le hablaban y le oían decirles cosas en términos que ellos podían entender. Interactuaban personalmente con Él, y tenían un sentido de esplendorosa realidad acerca de sus palabras y sus obras.

Los profetas del mundo, los psicólogos incrédulos (esos buscadores sin ojos que buscan una luz que no es la de Dios) se han visto forzados a reconocer en el fondo de la experiencia religiosa este sentido de que *hay algo allí*. Pero mejor aún es la sensación de que hay *Alguien allí*. Esto fue lo que llenó con perdurable asombro a los primeros miembros de la Iglesia de Cristo. El solemne deleite que conocieron aquellos primeros discípulos brotaba directamente de la convicción de que había alguien en medio de ellos. Sabían que la majestad de los cielos estaba frente a ellos en la tierra: estaban ante la propia presencia de Dios. Y el poder de esa convicción para cautivar su atención y sostenerlos de por vida, para elevarlos, transformarlos, para llenarlos de una incontrolable felicidad moral, para enviar a los hombres a cantar en la prisión y a morir, ha sido una de las maravillas de la historia y del mundo.

Nuestros padres nos la han contado y nuestros propios corazones confirman cuán maravillosa es esta sensación de que hay Alguien allí. Hace a la religión invulnerable a los ataques de la crítica. Asegura las mentes para que no colapsen bajo los ataques del enemigo. Los que adoran a un Dios que está presente pueden ignorar las objeciones de los hombres escépticos. Su experiencia puede autoverificarse y no requiere defensa ni prueba alguna. Lo que ven y oyen sobrepasa sus dudas y confirma su convicción más allá del poder destructor del argumento.

Algunos que quieren ser maestros de la Palabra, pero que no entienden lo que dicen ni lo que afirman, insisten en la fe "pura" como la única manera de conocer las cosas espirituales. Con esto se refieren a una convicción de la veracidad de la Palabra de Dios (nótese que es una convicción que los demonios comparten con ellos).

Pero el hombre que ha sido enseñado, por poco que sea, por el Espíritu de Verdad se rebelará ante esta perversión. Su lenguaje será: "Yo lo he oído a Él y lo he observado. ¿Qué tengo yo que ver con los ídolos?" Porque él no puede amar a un Dios que no es más que la deducción de un texto. Ansiará conocer a Dios con una conciencia vital que va más allá de las palabras y querrá vivir en una comunión íntima y personal con Él.

Buscar a nuestra divinidad solamente en libros y escritos es *buscar entre los muertos al que vive*; muchas veces buscamos en vano a Dios en ellos, donde su verdad con demasiada frecuencia no

está atesorada sino sepultada. Se discierne mejor
con un toque intelectual de Él. Debemos ver con
nuestros ojos, oír con nuestros oídos, y nuestras
manos tienen que poder tocar la Palabra de Vida.

Nada puede reemplazar el *toque* de Dios en el alma
y la sensación de que hay Alguien allí. La fe verdadera,
de hecho, trae esa comprensión, ya que esa fe verdadera no es una operación del razonamiento basado en la
lectura. Donde hay verdadera fe, el conocimiento de
Dios se dará como un hecho de conciencia completamente separado de las conclusiones lógicas.

Si un hombre despierta en la densa oscuridad de la
noche y oye moverse a alguien en su dormitorio, y sabe
que la presencia invisible es un ser amado de su familia que tiene todo el derecho a estar allí, su corazón
se llenaría de un tranquilo placer. Pero si por alguna
razón creyera que un intruso ha entrado, quizás para
robarle o matarlo, yacería allí aterrorizado, mirando en
la oscuridad, sin saber de qué dirección esperar que
venga el golpe. Pero *la diferencia entre la experiencia y
la falta de experiencia sería el agudo sentido de que hay
alguien allí.* ¿No es verdad que la mayoría de los que
nos llamamos cristianos no tenemos una experiencia
real? Hemos sustituido un encuentro sorprendente por
ideas teológicas; estamos colmados de nociones religiosas, pero nuestra mayor debilidad es que para nuestros corazones no hay nadie allí.

Sea lo que sea que abarque, la verdadera experiencia cristiana debe incluir siempre un genuino encuentro con Dios. Sin esto, la religión no es sino una sombra, una imagen de la realidad, una copia barata de un original del que una vez disfrutó alguien de quien hemos oído. No puede haber mayor tragedia en la vida de un hombre que vivir desde su niñez hasta la vejez en una iglesia y no conocer nada más real que un dios sintético, compuesto de teología y lógica, pero que no tiene ojos para ver ni oídos para oír ni corazón para amar.

Los gigantes espirituales de la antigüedad eran hombres que en algún momento se volvieron intensamente conscientes de la real Presencia de Dios y mantuvieron esa conciencia por el resto de sus vidas. Su primer encuentro pudo haberlos aterrorizado, como cuando "el temor de una grande oscuridad" cayó sobre Abram, o cuando Moisés escondió su rostro ante la zarza porque tuvo miedo de mirar a Dios. Por lo general este temor pronto pierde su contenido de terror y se cambia después de un tiempo en un deleite reverencial, y luego se equilibra en un sentido de reverencia por la completa cercanía a Dios. El punto esencial es: *ellos experimentaban a Dios*. De otra forma, ¿cómo se podría explicar lo que les sucedió a los santos y a los profetas? ¿Cómo podríamos explicar el asombroso poder para el bien que ejercieron sobre innumerables generaciones? ¿No es porque anduvieron en consciente comunión con la Presencia real y dirigieron sus oraciones a

Dios con la sincera convicción de que estaban hablando con Alguien que realmente estaba allí?

Sin duda hemos sufrido la pérdida de muchos tesoros espirituales porque hemos dejado escapar la simple verdad de que el milagro de la perpetuación de la vida está en Dios. Él no creó la vida para luego sacudírsela de encima como haría cualquier petulante artista insatisfecho con su obra. Toda vida está en Él y sale de Él, fluye de Él y regresa nuevamente a Él, un indivisible mar en movimiento del cual Él es la fuente. Esa vida eterna que estaba con el Padre está ahora en posesión de los creyentes, y esa vida no solo es un don de Dios, sino su propio Ser.

La redención no es una extraña obra que por un momento Dios se desvió para hacer; más bien es su misma obra realizada en un nuevo campo: el de la catástrofe humana. La regeneración del alma de un creyente es nada menos que la recapitulación de toda la obra divina hecha desde el momento de la creación. Es difícil no reconocer el paralelismo entre la generación que se describe en el Antiguo Testamento y la regeneración que se muestra en el Nuevo. ¿Cómo, por ejemplo, se podría describir mejor la condición del alma perdida que con las palabras: "...estaba desordenada y vacía, y las tinieblas estaban sobre la faz del abismo" (Génesis 1:2)? ¿Y cómo se podría expresar mejor el fuerte anhelo del corazón de Dios por esa alma perdida que diciendo: "el Espíritu de Dios se movía sobre la faz de las aguas" (Génesis 1:2)? ¿Y de qué fuente podría venir luz sobre esa alma envuelta en pecado si Dios no hubiera dicho: "Hágase la luz" (Génesis 1:3)? En su Palabra la luz irrumpe y el hombre perdido se levanta para beber de la vida eterna y seguir la Luz del mundo. Así como el orden y el fruto siguieron a la antigua creación, el orden moral y el fruto espiritual vendrán a continuación en la experiencia humana. Y sabemos que Dios es el mismo y sus años no acabarán. Siempre será el mismo dondequiera que se encuentre y sea cual fuere la obra que esté haciendo.

Necesitamos liberarnos de nuestro vano y débil deseo de retroceder y recuperar el pasado. Deberíamos procurar ser limpiados de esa infantil noción de que haber vivido en los tiempos de Abram o de Pablo hubiera sido mejor que vivir hoy. Con Dios, el tiempo de Abram y el tiempo de hoy son lo mismo. Con un solo impulso de vida Él creó todos los días y todos los tiempos, de manera que la vida del primer día y la vida del futuro día más remoto están unidas en Él. Bien podríamos volver a cantar (y creer) la verdad que entonaron nuestros padres:

La eternidad con todos sus años
  se levanta hoy ante tus ojos;
Nada te parece viejo,
  gran Dios, ni nada es nuevo para ti.

Al salvar a los hombres Dios está volviendo a hacer (o más bien continúa haciendo) la misma obra de creación que hizo al comienzo de los tiempos. Para Él cada alma rescatada es un mundo donde vuelve a ejecutar con placer su obra como hizo la antigua.

Nosotros que experimentamos a Dios en este tiempo podemos regocijarnos porque en Él tenemos todo lo que Abraham, David o Pablo tuvieron; de hecho, los propios ángeles que están ante el trono no tienen más de Dios que nosotros ni pueden anhelar nada más aparte de Él. Y todo lo que Él es y todo lo que ha hecho es para nosotros y para todos los que comparten la común salvación. Con plena conciencia de que no tenemos mérito alguno, podemos sin embargo tomar nuestro lugar en el amor de Dios, y hasta el más pobre y débil de nosotros puede reclamar todas las riquezas de la deidad dadas por su misericordia. Yo tengo todo el derecho a reclamar todo para mí, sabiendo que un Dios infinito puede dar todo de sí a cada uno de sus hijos. Él no se reparte de manera que cada quien pueda tener una parte, sino que a cada uno Él le entrega todo de sí, tan completamente como si no hubiese otros.

¡Qué diferencia encontramos cuando dejamos la ambigüedad (una artimaña, por cierto, de falsa humildad e incredulidad) y nos acercamos directa y personalmente a Dios! Entonces no temeremos al pronombre personal sino que con los amigos de Dios nos dirigiremos a aquel que lo dio, y reclamaremos cada uno para sí mismo a la persona y obra del Dios trino. Entonces veremos que todo lo que hizo Dios es para cada uno de nosotros. Así podremos cantar:

Por mí te cubriste de luz como con una vestidura y extendiste los cielos como cortina y pusiste los fundamentos de la tierra. Por mí fijaste la luna como señal para las estaciones y el sol para el ocaso. Por mí hiciste cada bestia de la tierra según su género y cada planta que lleva semilla y cada árbol con fruto según su género. Para mí escribió el profeta y cantó el salmista. Para mí hablaron hombres santos según eran movidos por el Espíritu Santo.

Por mí murió Cristo, y los beneficios redentores de aquella muerte son, por el milagro de su vida presente, perpetuados para siempre, tan eficaces hoy como aquel día en que Él inclinó la cabeza y entregó el espíritu. Y cuando Él se levantó al tercer día, fue por mí; y cuando derramó sobre los discípulos al prometido Espíritu Santo, fue para que Él pudiera continuar *en mí* la obra que había estado haciendo *por mí* desde la mañana de la creación.

CAPÍTULO 2

En Palabra o en poder

Pues nuestro evangelio no llegó a vosotros en palabras
solamente, sino también en poder,
en el Espíritu Santo (1 Tesalonicenses 1:5).

De modo que si alguno está en Cristo,
nueva criatura es (2 Corintios 5:17).

Yo conozco tus obras, que tienes nombre de
que vives, y estás muerto (Apocalipsis 3:1).

PARA QUIEN ES solo un estudiante, estos versículos pueden resultar interesantes, pero para un hombre que tiene el serio propósito de obtener la vida eterna pueden llegar a ser algo alarmantes. Enseñan claramente que el mensaje del evangelio puede ser recibido de dos maneras: solo en palabra, sin poder, o en palabra y con poder. Pero es el mismo mensaje ya sea que venga en palabra o en poder. Y estos versículos enseñan también que cuando el mensaje es recibido en poder efectúa un cambio tan radical que puede ser llamado una nueva creación. Pero el mensaje puede ser recibido sin poder, y aparentemente algunos lo han recibido así, por lo que tienen un nombre de que viven pero están muertos. Todo esto se encuentra presente en estos textos.

Al observar las maneras en que juegan los hombres he podido entender mejor la forma en que oran. La mayoría de los hombres, en efecto, practican la religión como si se tratara de un juego, lo que hace de la religión el juego más universalmente jugado. Los diferentes deportes tienen sus reglas, sus bolas y sus jugadores; el juego despierta interés, provoca placer y consume tiempo, y cuando termina, los equipos ríen y dejan el campo. Resulta común ver a algún jugador dejar un equipo para unirse a otro y que días más tarde juegue contra sus antiguos compañeros con tanto brío como el que había demostrado cuando jugaba *para* ellos. Todo esto es arbitrario. Consiste en resolver problemas artificiales y atacar dificultades que han sido creadas deliberadamente para favorecer el juego. No tiene raíces morales ni se espera que las tenga. Nadie es mejor por su propio y autoimpuesto esfuerzo. Todo es solo una actividad reconfortante que no cambia nada y a la larga no soluciona nada.

Si la condición que describimos estuviera limitada al estadio podríamos pasar por allí sin pensarlo siquiera, ¿pero qué debemos decir cuando esto mismo entra al santuario y determina las actitudes de los hombres hacia Dios y hacia la religión? Porque la Iglesia también tiene su campo, sus reglas y su equipo para jugar el juego de las palabras piadosas. Tiene sus devotos, tanto laicos como profesionales, que sostienen el juego con su dinero y brindan aliento con su presencia, pero que no son diferentes en vida o carácter de muchos que no tienen ningún interés en la religión.

Así como el atleta utiliza la bola, muchos de nosotros usamos las palabras: palabras habladas y cantadas, palabras escritas y pronunciadas en oración. Las arrojamos rápidamente a través del campo; aprendemos a manejarlas con gracia y destreza, edificamos reputaciones según nuestra habilidad para la palabra y ganamos como recompensa el aplauso de quienes disfrutan del juego. Pero el vacío de eso se advierte porque después del placentero juego religioso *nadie sale básicamente diferente de lo que era antes*. Las bases de la vida quedan sin cambiar, la gobiernan los mismos viejos principios, las mismas viejas reglas de Adán.

No he dicho que la religión sin el poder no produzca cambios en la vida de un hombre, solo que no provoca una diferencia fundamental. El agua puede cambiar de líquido a vapor, pero sigue siendo fundamentalmente lo mismo. Así la religión sin poder puede producir muchos cambios superficiales en el hombre y dejarlo exactamente como era antes. Allí es donde se encuentra el engaño. *Los cambios son solo de forma y no de naturaleza.* Detrás de las actividades de los hombres no religiosos y de los que han recibido el evangelio sin poder yacen las mismas motivaciones. En el fondo de las vidas de ambos yace una naturaleza sin bendición, con la diferencia que el hombre religioso ha aprendido a disfrazar mejor su vicio. Sus pecados son refinados y menos ofensivos que los que practicaba antes de hacerse religioso, pero ese mismo hombre no es mejor a la vista de Dios. De hecho puede ser peor ya que Dios siempre odia el engaño y las apariencias. El egoísmo sigue latiendo con fuerza como un motor en el centro de la vida del hombre. Es cierto, él puede aprender a "redireccionar" sus impulsos egoístas, pero su problema es que sigue viviendo sin represión e incluso libre de sospecha dentro de su corazón. Es una víctima de la religión sin poder.

El hombre que ha recibido la Palabra sin poder ha podado su seto, pero sigue siendo un seto de espinas y nunca podrá traer los frutos de la nueva vida. Aun así tal hombre puede ser un líder de la iglesia y su influencia y su voto pueden llegar lejos para determinar qué religión habrá en su generación.

La verdad recibida en poder cambia las bases de la vida de Adán a Cristo y todo un nuevo conjunto de motivos entra a operar en el alma. Un Espíritu nuevo y diferente entra en la personalidad y hace al hombre creyente nuevo en cada área de su ser. Su interés pasa de las cosas externas a las cosas internas, de las cosas de la tierra a las cosas del cielo. Pierde la fe en la sensatez de los valores externos, ve claramente el engaño de las apariencias y su amor y su confianza por lo invisible y por la eternidad se fortalecen a medida que se amplía su experiencia.

La mayoría de los cristianos estará de acuerdo con las ideas expresadas hasta aquí, pero el abismo que existe entre la teoría y la práctica es tan inmenso como aterrador. Porque el evangelio es practicado y aceptado con demasiada frecuencia sin poder, y el cambio radical que demanda la verdad nunca ocurre. Puede haber, es cierto, un cambio de alguna clase; puede cerrarse algún trato intelectual y emocional con la verdad, pero suceda lo que suceda no será suficiente, no será lo bastante profundo o radical. La "criatura" está "cambiada" pero no es "nueva". Y justamente allí está lo trágico de esto. El evangelio corresponde a una nueva vida, a un nuevo nacimiento en un nuevo nivel del ser, y hasta que tal renacimiento no se efectúa, la obra de salvación no está hecha en el alma.

Allí donde la Palabra llega sin poder, su contenido esencial se pierde. Porque hay en la verdad divina una nota imperiosa, una urgencia en el evangelio, una finalidad que no será oída o sentida a menos que el Espíritu lo posibilite. Debemos tener en mente constantemente que el evangelio no es solo buenas noticias, sino también juicio para todo el que lo oiga. El mensaje de la cruz es de buenas noticias para el arrepentido, pero para los que "no obedecieron al evangelio" tiene un matiz de advertencia. El ministerio del Espíritu hacia el mundo impenitente es convencerlo de pecado, de justicia y de juicio. Para los pecadores que quieren dejar de pecar deliberadamente y convertirse en obedientes hijos de Dios el mensaje del evangelio es de paz que sobrepasa todo entendimiento, pero por su misma naturaleza es también un árbitro del destino futuro de los hombres.

Este aspecto secundario es casi completamente pasado por alto en nuestros días. El elemento *don* del evangelio es tomado como su contenido exclusivo, y en consecuencia el elemento *cambio* es ignorado. Solo se requiere un consentimiento teológico para ser cristiano. Este consentimiento es llamado fe y se cree que es la única diferencia entre el salvo y el perdido. La fe, por lo tanto, es concebida como un tipo de magia religiosa, que le produce al Señor un gran deleite y posee el misterioso poder de abrir el reino de los cielos.

Quiero ser justo con todos y encontrar todo lo bueno que pueda en las creencias religiosas de los hombres, pero los dañinos efectos de este credo de la fe como magia son más grandes de lo que podría llegar a imaginar cualquiera que no los haya tenido que enfrentar cara a cara. A enormes asambleas se les está diciendo fervientemente hoy que la única calificación esencial para el cielo es ser un hombre malo y que un obstáculo seguro para lograr el favor de Dios es ser bueno. La propia palabra *justicia* se pronuncia solo con desdén, y se mira con lástima al hombre moral. "Un cristiano", dicen esos maestros, "no es moralmente mejor que un pecador, la única diferencia es que él ha aceptado a Jesús, así que tiene un Salvador". Creo que no sonará poco serio preguntarse: "¿Un salvador de qué?". Si no salva del pecado, de la mala conducta y de la antigua vida caída, ¿entonces de qué salva? Y si la respuesta es: "De las consecuencias de los pecados pasados y del juicio que vendrá", sigue sin satisfacernos. ¿La justificación de las ofensas pasadas es todo lo que distingue a un cristiano de un pecador? ¿Un hombre puede convertirse en creyente en Cristo y no ser mejor de lo que era antes? ¿El evangelio no ofrece nada más que un abogado habilidoso para que los pecadores culpables salgan en libertad el día del juicio?

Creo que la verdad de todo esto no es demasiado profunda ni difícil de descubrir. La autojustificación es un eficaz obstáculo para obtener el favor de Dios, porque vuelve a arrojar al pecador sobre sus propios méritos y lo deja fuera de la justicia imputada de Cristo. Y es necesario ser un pecador confeso y conscientemente perdido para recibir la salvación por medio de nuestro Señor Jesucristo. Esto es gozosamente admitido y constantemente acordado, pero esta es la verdad que ha sido pasada por alto en nuestros días: *un pecador no puede entrar al reino de Dios.* Los pasajes de la Biblia que declaran esto son demasiados y demasiado familiares, para necesitar repetirlos aquí, pero el escéptico puede buscar Gálatas 5:19–21 y Apocalipsis 21:8.

Entonces, ¿cómo puede ser salvo un hombre? El pecador arrepentido conoce a Cristo y tras ese encuentro salvador deja de ser un pecador. El poder del evangelio lo cambia, desplaza el fundamento de su vida de sí mismo a Cristo, lo coloca en una nueva dirección y hace de él una nueva creación. El estado moral del penitente cuando llega a Cristo no afecta el resultado, porque la obra de Cristo barre tanto lo malo como lo bueno de él y lo convierte en otro hombre. El pecador arrepentido no es salvado por una transacción judicial aparte del correspondiente cambio moral. Las salvación debe incluir un cambio de estado judicial, pero lo que la mayoría de los maestros pasan por alto es que *eso también incluye un cambio real en la vida del individuo.* Y con esto queremos decir más que un cambio superficial: queremos decir una transformación que llegue hasta las raíces de su vida humana. Si no va hasta esa profundidad, no será suficiente.

Si previamente no hubiéramos sufrido una seria declinación en nuestras expectativas, no habríamos aceptado esta visión técnica de la fe. Las iglesias (incluso las evangélicas) son mundanas en espíritu, están moralmente anémicas, a la defensiva, imitan en lugar de innovar, y generalmente se encuentran en un estado miserable porque durante dos generaciones completas se les ha dicho que la justificación no es más que un veredicto de "no culpabilidad" pronunciado por el Padre celestial sobre un pecador que pueda presentar la moneda mágica de la *fe* con las maravillosas palabras "ábrete sésamo" grabadas en ella. Si no se expone abiertamente así, al menos el mensaje se presenta como para crear esa impresión. Todo eso es el resultado de oír la Palabra predicada sin poder y recibirla de esa misma manera.

Ahora bien, la fe es ciertamente un "ábrete sésamo" para la bienaventuranza eterna. Sin fe es imposible agradar a Dios; ningún hombre puede ser salvo sin fe en el Salvador resucitado. Pero casi todo el mundo pasa por alto el verdadero atributo de la fe, concretamente, su cualidad moral. Es mucho más que una mera confianza en la veracidad de la declaración hecha en las Sagradas Escrituras. Es algo altamente moral y de esencia espiritual. Invariablemente efectúa una transformación radical en la vida de quien la ejercita. Desplaza la mirada de la persona hacia Dios. A quien la posee se le presenta en la tierra la vida del cielo.

No deseo minimizar el efecto justificador de la fe. Nadie que conozca la profundidad de su propia maldad se atrevería a presentarse ante la inefable Presencia sin más recomendación que su propia reputación. Y ningún cristiano, prudente luego de haber sido disciplinado por sus faltas e imperfecciones, quiere que su aceptación por

Dios dependa del grado de santidad que pueda haber alcanzado por medio de la operación interior de la gracia. Todos los que conozcan sus propios corazones y lo que estipula el evangelio se unirán en esta oración del hombre de Dios:

Cuando Él venga con sonido de trompeta,
Oh, que yo sea hallado en Él,
Vestido solamente con su justicia,
¡Para presentarme sin tacha ante el trono!

Es angustiante que una verdad tan hermosa haya sido tan pervertida. Pero la perversión es el precio que pagamos por dejar de enfatizar el contenido moral de la verdad; es la maldición que viene después de la ortodoxia racional cuando ella ha apagado o rechazado al Espíritu de la Verdad.

Al reafirmar que la fe en el evangelio efectúa un cambio en el propósito de la vida, de uno mismo a Dios, solo estoy planteando los hechos tal cual son. Cada hombre con inteligencia moral debe ser consciente de la maldición que lo aflige interiormente; debe ser consciente de eso que llamamos *ego*, y que la Biblia llama *carne* o *yo*, pero como sea que se lo llame, es un amo cruel y un enemigo mortal.

Faraón jamás gobernó a Israel tan tiránicamente como este enemigo oculto reina sobre los hijos e hijas de los hombres. Las palabras de Dios a Moisés respecto al cautiverio de Israel pueden muy bien describirnos a todos nosotros: "Bien he visto la aflicción de mi pueblo que está en Egipto, y he oído su clamor a causa de sus exactores; pues he conocido sus angustias" (Éxodo 3:7). El Credo Niceno declara tan tiernamente que, por nosotros, los hombres, y para nuestra salvación, nuestro Señor Jesucristo descendió del cielo:

...y por obra del Espíritu Santo se encarnó en María la virgen, y se hizo hombre; y por nuestra causa fue crucificado en tiempos de Poncio Pilato, padeció y fue sepultado, y resucitó al tercer día, según las escrituras, y subió al cielo, y está sentado a la derecha del Padre; y de nuevo vendrá con gloria, para juzgar a vivos y muertos, y su reino no tendrá fin.[a]

¿Para qué fue todo eso? ¿Para que Él dictamine técnicamente que somos libres y nos deje en nuestro cautiverio? Jamás. Dios le dijo a Moisés:

Y he descendido para librarlos de mano de los egipcios, y sacarlos de aquella tierra a una tierra buena y ancha, a tierra que fluye leche y miel...Entra a la presencia de Faraón y dile: Jehová ha dicho así: Deja ir a mi pueblo (Éxodo 3:8; 8:1).

Para los seres humanos cautivos del pecado Dios no quiere menos que la liberación total. El correcto significado del mensaje cristiano es el siguiente: El Dios que por la *palabra* del evangelio *declara* libres a los hombres, por el *poder* del evangelio *los hace realmente libres*. Aceptar menos que esto es conocer el evangelio solo de palabra, sin su poder.

Quienes reciben la Palabra con poder conocen esta liberación, esta migración interior del alma de la esclavitud a la libertad, esta liberación de la posición moral, un verdadero cambio, y se paran conscientemente en otro suelo, bajo otro cielo y respiran otro aire. Los motivos de sus vidas son cambiados y sus impulsos internos son hechos nuevos.

¿Qué son esos antiguos impulsos que una vez forzaban a la obediencia a fuerza de látigo? ¿Qué son, sino pequeñas exigencias, siervas del gran tirano, el *yo*, que exige que se haga su propia voluntad? Nombrarlas a todas nos requeriría todo un libro, pero señalaremos una como tipo o ejemplo de todas las demás: Es el deseo de aprobación social.

Esto no es malo en sí mismo y sería perfectamente inocente si viviéramos en un mundo sin pecado, pero como la raza humana se ha separado de Dios y unido a sus enemigos, ser amigo del mundo es ser colaborador del mal y enemigo de Dios. Aún así el deseo de agradar a los hombres es lo que se halla detrás de todo comportamiento social desde las civilizaciones más desarrolladas hasta los niveles más bajos en los cuales se puede encontrar vida. Nadie puede escapar de ello. El forajido que desobedece abiertamente las reglas de la sociedad y el filósofo que se eleva por encima de lo común en su pensamiento puede *parecer* que han eludido la trampa, pero apenas si han reducido el círculo de personas a las que quieren complacer. El forajido tiene cómplices ante los cuales quiere lucirse; el filósofo tiene su pequeño círculo de pensadores superiores cuya aprobación necesita para sentirse feliz. Para ambos, el motivo raíz no se ha cortado. Cada uno obtiene paz de pensar que disfruta de la estima de sus compañeros, aunque cada cual interpretará todo a su manera.

Todo hombre mira a sus compañeros hombres porque no tiene a nadie más quién mirar. David podía decir: "¿A quién tengo yo en los cielos sino a ti? Y fuera de ti nada deseo en la tierra" (Salmo 73:25). Pero los hijos de este mundo no tienen a Dios; solo se tienen unos a otros, y andan sosteniéndose unos a otros y mirándose unos a otros para darse confianza, como niños asustados. Pero su esperanza los traicionará, porque son como un grupo de hombres, ninguno de los cuales ha aprendido a pilotear un avión, que de repente se encuentran en el aire sin un piloto, buscando cada uno que el otro los lleve de regreso a casa. Su confianza desesperada pero errada no puede salvarlos de la caída que con seguridad les espera.

Con este deseo de complacer a los hombres plantado tan profundamente en nuestro interior, ¿cómo podremos desarraigarlo y cambiar la dirección de nuestras vidas de complacer a los hombres a complacer a Dios? Bueno, nadie puede lograrlo solo, ni con la ayuda de otros, ni con educación ni con entrenamiento ni con ningún otro método conocido. Lo que se necesita es un cambio de naturaleza (que sea una naturaleza caída no la hace menos poderosa), y este cambio debe ser un acto sobrenatural. Tal acto es producido por el Espíritu mediante el poder del evangelio cuando se lo recibe con fe viva. Entonces Él cambia lo viejo por nuevo. Invade la vida como la luz del sol invade un paisaje y remueve todos los viejos motivos como la luz expulsa las tinieblas del firmamento.

La forma en que obra en la experiencia es algo así: el creyente es inundado de repente por un poderoso sentimiento de que *Dios es lo único que importa;* pronto esto obra en su vida mental y condiciona sus juicios y todos sus valores. Ahora se encuentra libre de la esclavitud de las opiniones de los hombres. Pronto aprende a amar por encima de todo la seguridad de que él está bien complaciendo al Padre celestial.

Este cambio total de la fuente de su complacencia es lo que hace invencibles a los hombres creyentes. Así era como los santos y los mártires podían quedarse solos, abandonados por todo amigo terrenal, y morir por Cristo ante el desagrado de la humanidad. Cuando, para intimidarlo, los jueces de Atanasio le advirtieron que el mundo entero estaba contra él, se atrevió a responder: "¡Entonces Atanasio está contra el mundo!". Ese grito ha persistido a través de los siglos y hoy puede recordarnos que el evangelio tiene poder para liberar a los hombres de la tiranía de la aprobación social y hacerlos libres para que hagan la voluntad de Dios.

He diferenciado este único enemigo para que lo consideremos, pero es tan solo uno, y hay muchos más. Parecen estar solos como si existieran separados unos de otros, pero es solo apariencia. En realidad no son sino ramificaciones de la misma vid venenosa, y mueren todas juntas cuando muere su raíz. Esa raíz es el *yo*, y la cruz es lo único que en efecto la destruye.

El mensaje del evangelio, entonces, es el mensaje de una nueva creación en medio de la creación vieja, el mensaje de la invasión de nuestra naturaleza humana por la vida eterna de Dios y el desplazamiento de lo viejo por lo nuevo. La nueva vida aprovecha la nueva naturaleza del creyente y se predispone a su benévola conquista, la cual no estará completa hasta que la vida que invade haya tomado total posesión y una nueva creación haya emergido. Y este es un acto de Dios sin ayuda humana alguna, porque es un milagro moral y una resurrección espiritual.

CAPÍTULO 3

El misterio del llamado

Llamado a ser apóstol…llamados a
ser santos (1 Corintios 1:1–2).

L A PEQUEÑA PALABRA *llamado* utilizada aquí por el apóstol es como una puerta que se abre hacia otro mundo, y cuando entramos efectivamente estamos en otro mundo. Porque el nuevo mundo al cual pasamos es el mundo de la soberanía de la voluntad de Dios, en el que la voluntad del hombre no tiene lugar, o si se asoma, es como un dependiente y un siervo, nunca como un señor.

Pablo explica aquí su apostolado: es por un efectivo llamado, no por su propio deseo ni voluntad o determinación, y este llamado es algo divino, libre, sin influencias y totalmente ajeno a la mano del hombre. La *respuesta* sí es del hombre, pero el llamado jamás. Eso solo viene de Dios.

Existen dos mundos, que se enfrentan entre sí, dominados por dos voluntades: la voluntad del hombre y la voluntad de Dios, respectivamente. El viejo mundo de la naturaleza caída es el mundo de la voluntad humana. Allí el hombre es rey y su voluntad decide cada acto. En la medida en que sea capaz, en su debilidad, decidirá quién, qué, cuándo y dónde. Él fija valores; qué debe ser estimado, qué se debe menospreciar, qué recibir y qué rechazar. Su voluntad lo ensaya todo. "Yo determino", "yo decido", "yo decreto", "promúlguese". Estas palabras brotan continuamente de labios de hombrecitos. ¡Y cómo se regocijan en su imaginario "derecho de autodeterminación" y con qué cómica vanidad se jactan de ser "electores soberanos"! No saben, o se niegan a pensar que son apenas un soplo, que pronto se desvanece y ya no es más.

El tiempo, como un arroyo que fluye sin cesar,
Arrastra a todos sus hijos
Parten olvidados como un sueño,
Mueren al romper el día.

Las ocupadas familias de carne y hueso
Con todos sus cuidados y temores,
Son arrastradas corriente abajo,
Y se pierden en los años por venir.
—Isaac Watts

Pese a eso, en su orgullo, los hombres reivindican su voluntad y reclaman el dominio de la tierra. Bien, por un tiempo es cierto que este mundo es del hombre. Dios es admitido solo por el hombre sufriente. Es tratado como a un visitante real en un país democrático. Todo el mundo lleva su nombre en los labios y (especialmente en ciertas épocas), es festejado, celebrado y se le cantan himnos. Pero detrás de toda esa lisonja los hombres se aferran firmemente a su derecho a la autodeterminación. Mientras al hombre se le permita hacer de anfitrión honrará a Dios con su atención, pero Él siempre deberá ser un huésped y no buscar nunca ser Señor. El hombre entiende que este es su mundo; él hará sus leyes y decidirá cómo manejarlo. A Dios no le está permitido decidir nada. El hombre se inclina ante Él, y mientras lo hace, se las arregla para ocultar con dificultad la corona que está sobre su propia cabeza.

Cuando entramos al reino de Dios, sin embargo, estamos en otra clase de mundo. Es completamente distinto al viejo mundo del cual venimos; siempre es diferente del viejo y en general contrario a él. Si parecen asemejarse, es solo en apariencia: "El primer hombre es de la tierra, terrenal; el segundo hombre, que es el Señor, es del cielo" (1 Corintios 15:47). "Lo que es nacido de la carne, carne es; y lo que es nacido del Espíritu, espíritu es" (Juan 3:6). El primero perecerá, el último permanecerá para siempre.

Pablo fue hecho apóstol por el directo llamado de Dios. "Y nadie toma para sí esta honra, sino el que es llamado por Dios" (Hebreos 5:4). Entre los hombres vemos a veces artistas conocidos que se presentan ante la realeza y su comparecencia es denominada una "actuación obligatoria". Por muy dotados o famosos que sean, ellos no osarían entrar en la presencia del rey si no fuera por un llamado real, un llamado que equivale a una orden. Ese llamado no deja lugar a negarse, a menos que se corra el riesgo de ofender a la majestad. Y con Pablo no fue diferente. El llamado de Dios a Pablo también fue una orden. Si Pablo se hubiera estado postulando para un puesto político los votantes hubieran decidido el resultado. Si hubiera estado buscando un lugar en el mundo literario sus propias cualidades hubieran decidido ese lugar para él. Si hubiera estado compitiendo en un cuadrilátero, su propia fuerza y habilidad lo hubiera hecho ganar o perder. Pero su apostolado no fue decidido así.

¡Qué deleitosos son los métodos de Dios y las idas y vueltas de su voluntad! No es con ejército ni con fuerza, ni por habilidad natural, ni por entrenamiento que los hombres se hacen apóstoles, sino por un efectivo llamado de Dios. Y es así con cada oficio en la Iglesia. A los hombres se les permite reconocer el llamado y hacer público el reconocimiento ante la congregación, pero nunca se les permite que ellos mismos elijan. Pero cuando los métodos divinos y los de los hombres se mezclan y alternan hay confusión y fracaso continuos. Buenos hombres que todavía no han sido llamados por Dios pueden, y suelen, tomar sobre sí la sagrada obra del ministerio. Peor aún es cuando hombres que todavía pertenecen al viejo mundo y no han sido renovados por el milagro de la regeneración tratan de llevar a cabo la santa obra de Dios. Qué triste es ese espectáculo y cuán trágicas sus consecuencias, ya que los métodos de los hombres y los de Dios siempre se oponen entre sí.

¿Será esta una de las razones por las que estamos en este estado de debilidad espiritual? ¿Cómo puede la carne servir al Espíritu? ¿Cómo pueden los hombres de otra tribu que no sea la de Leví ministrar ante el altar? Cuán vano es tratar de servir lo nuevo con los métodos viejos. De ahí se deriva el exuberante crecimiento de métodos funestos que caracterizan a las iglesias de nuestros días. Los audaces y agresivos avanzan y los débiles los siguen sin pedirles pruebas de su derecho a dirigir. El llamado divino es ignorado, y el resultado es esterilidad y confusión.

Es hora de que busquemos nuevamente la guía del Espíritu Santo. El señorío del hombre nos ha costado demasiado caro. La voluntad intrusiva del hombre ha introducido tal multiplicidad de formas y actividades no escriturales como para amenazar terriblemente la vida de la Iglesia. Estas desvían anualmente millones de dólares de la verdadera obra de Dios y desperdician horas de trabajo de cristianos en un número tan vasto como desgarrador.

Existe otro mal que es aún peor y que brota del básico error de no poder entender la radical diferencia entre las naturalezas de los dos mundos. Es el hábito de "aceptar" lánguidamente la salvación como si fuera algo menor y que estuviera enteramente en nuestras manos. Se exhorta a los hombres a pensar en estas cosas y a "decidirse" por Cristo, y en algunos lugares cada año se aparta un día, como el "Día de decisión", en el cual se espera que las personas condesciendan a concederle a Cristo el derecho a salvarlas, un derecho que obviamente hasta ese momento le habían negado. De este modo, se coloca nuevamente a los hombres frente al tribunal de Cristo; se hace que sea Él quien tenga que esperar hasta que a cada individuo le plazca, y luego de esa larga y humillante espera se lo rechaza o condescendientemente se lo acepta. Al malinterpretar por completo la noble y verdadera doctrina del libre albedrío del hombre, hacen que la salvación dependa peligrosamente de la voluntad del hombre en lugar de que dependa de la voluntad de Dios.

A pesar de lo profundo de este misterio, a pesar de todas las paradojas que envuelve, sigue siendo verdad que los hombres llegan a ser santos no por su propio capricho sino por un llamado soberano. ¿No ha quitado Dios esta elección suprema de nuestras manos con estas palabras?

El espíritu es el que da vida; la carne para nada aprovecha...Ninguno puede venir a mí, si el Padre que me envió no le trajere...ninguno puede venir a mí, si no le fuere dado del Padre...como le has dado potestad sobre toda carne, para que dé vida eterna a todos los que le diste...Pero cuando agradó a Dios, que me apartó desde el vientre de mi madre, y me llamó por su gracia, revelar a su Hijo en mí (Juan 6:63, 44, 65; 17:2; Gálatas 1:15–16).

Dios nos hizo a su imagen, y una señal de esa imagen es nuestro libre albedrío. Oímos que Dios dice: "Si alguno quiere venir...sígame" (Mateo 16:24). Conocemos por nuestra propia y amarga experiencia la aflicción de una voluntad que no se ha rendido y la bendición o el terror que dependerá de nuestra humana elección. Pero detrás de todo esto y precediéndolo está el derecho soberano de Dios de llamar a los santos y determinar los destinos humanos. La elección principal es suya, la decisión secundaria es nuestra. La salvación desde nuestro lado es una elección, desde el lado divino es un apoderamiento, una aprehensión, es una conquista del Dios Altísimo. *Nuestra "aceptación" y nuestra "disposición" son reacciones más que acciones.* El derecho de la determinación es siempre de Dios.

Dios le ha concedido a cada ser humano el poder de cerrar su corazón e irse con paso airado a la oscuridad de la noche que él mismo eligió, así como le ha dado a cada hombre la capacidad de responder a su propuesta de gracia; pero mientras la elección de decir que "no" puede ser nuestra, la elección de decir que "sí" siempre es de Dios. Él es el Autor de nuestra fe y debe ser su Consumador. Solo por gracia podemos seguir creyendo; podemos perseverar en la voluntad de Dios solo cuando somos sujetados por el poder benigno que derrotará nuestra predisposición natural a la incredulidad.

Con tanto entusiasmo disfrutamos los hombres el dominio que nos gusta pensar que tenemos en nuestras manos el poder de la vida y la muerte. Nos encanta creer que el infierno será más fácil de soportar por el hecho de que habremos ido allí por desafiar algún poder que busque gobernarnos. Él conocía muy bien esto cuando puso en boca de Satanás este discurso de orgullosa resistencia:

¿Y qué si la cosecha se pierde?
   No todo está perdido: la voluntad
      inconquistable,
La dedicación a la venganza, el odio inmortal,
   Y el coraje nunca cederán ni se rendirán,
Y qué más habrá que no pueda superarse;
   Esa gloria jamás podrá obtenerse
Con ira ni mediante extorsiones.

Aunque muy pocos se atreverían a confesar en voz alta sus sentimientos secretos, hay millones que han absorbido la noción de que tienen en sus manos las llaves del cielo y del infierno. El contenido total de la prédica evangelística moderna contribuye a esta actitud. Se agranda al hombre y se achica a Dios; Cristo es colocado en una posición que provoca lástima en lugar de respeto cuando lo muestran allí, dócil, con una linterna en la mano, fuera de una puerta cubierta de viñas.

Cuán profundamente se equivocan los hombres que conciben un Dios que se somete a nuestra voluntad humana o que espera respetuosamente para complacernos. Aunque al condescender amorosamente pueda parecer ponerse a nuestra disposición, Él jamás ni por un momento abdica de su trono ni invalida su derecho como Señor del hombre y de la naturaleza. Él es la Majestad de las alturas. A Él todos los ángeles lo aclaman, los cielos y todos los poderes que están allí: sus querubines y serafines continuamente dan "voces, diciendo: "Santo, santo, santo, Jehová de los ejércitos; toda la tierra está llena de su gloria".[a] Él es el Temor de Isaac y el Pavor de Jacob, y ante Él se han arrodillado los profetas, los patriarcas y los santos en adoración y temor reverencial.

La gradual desaparición de la idea y el sentimiento de majestad de la Iglesia es una señal y un presagio. La rebelión de la mente moderna ha tenido un precio muy alto, y se vuelve más pesado con el correr de los años. Nuestro Dios se ha convertido ahora en nuestro siervo que espera nuestra voluntad. "El Señor es mi *pastor*" decimos, en lugar de decir: *"El Señor* es mi pastor", y la diferencia es tan ancha como el mundo.

Es necesario que restauremos la perdida idea de la soberanía, no solo como una doctrina sino como la fuente de una solemne emoción religiosa. Es necesario que soltemos de nuestras moribundas manos el cetro de sombras con el cual fantaseamos que gobernamos el mundo. Necesitamos sentir y saber que solo somos polvo y cenizas y que Dios es el que dispone el destino de los hombres. Cuán avergonzados deberíamos estar los cristianos de que un rey pagano nos enseñe a temer a su Majestad Altísima, ya que fue el humillado Nabucodonosor quien dijo:

Alcé mis ojos al cielo, y mi razón me fue devuelta; y bendije al Altísimo, y alabé y glorifiqué al que vive para siempre, cuyo dominio es sempiterno, y su reino por todas las edades. Todos los habitantes de la tierra son considerados como nada; y él hace según su voluntad en el ejército del cielo, y en los habitantes de la tierra, y no hay quien detenga su mano, y le diga: ¿Qué haces? (Daniel 4:34–35).

"En el mismo tiempo", agregó el humillado rey, "mi razón me fue devuelta" (4:36). Todo este pasaje se suele pasar por alto, ya que está en uno de los libros menos populares de la Biblia, ¿pero no tiene una gran importancia que la *humildad* y la *razón* vuelvan juntas? "Ahora yo Nabucodonosor alabo, engrandezco y glorifico al Rey del cielo, porque todas sus obras son verdaderas, y sus caminos justos; y él puede humillar a los que andan con soberbia" (Daniel 4:37). El orgullo del rey fue para él una clase de locura que lo llevó al campo a morar entre las bestias. Cuando él se vio a sí mismo grande y a Dios pequeño estaba loco; la cordura solo volvió cuando comenzó a ver a Dios como todo y a sí mismo como nada.

Semejante locura moral como la que sufrió Nabucodonosor se encuentra ahora en las naciones. Los hombres reputados de sabios han estado cantando desde hace mucho con Swinburne:[1] "Gloria al hombre en las alturas", y las masas han aprendido ese canto. Ha resultado una rara debilidad mental, marcada por agudo engreimiento y delirios de grandeza moral. Los hombres que se niegan a adorar al verdadero Dios ahora se adoran a sí mismos con tierna devoción. El retorno a la sanidad espiritual espera por arrepentimiento y verdadera humildad. Dios garantiza que pronto sabremos cuán pequeños y pecadores somos.

CAPÍTULO 4

La victoria por medio de la derrota

Y el varón le dijo:
No se dirá más tu nombre Jacob, sino Israel;
porque has luchado con Dios
y con los hombres, y has vencido (Génesis 32:28).

Pero lejos esté de mí gloriarme,
sino en la cruz de nuestro Señor Jesucristo,
por quien el mundo me es crucificado
a mí, y yo al mundo (Gálatas 6:14).

L AS EXPERIENCIAS DE los hombres que caminaron con Dios en tiempos antiguos concuerdan en enseñar que el Señor no puede bendecir plenamente a un hombre hasta que lo venza. El grado de bendición que cualquier hombre disfrute corresponderá exactamente a la plenitud de la victoria de Dios sobre él. Este es un principio del credo cristiano que ha sido muy descuidado, no entendido por muchos en esta era de autosuficiencia, pero no obstante es de vital importancia para todos nosotros. Este principio espiritual está bien ilustrado en el libro de Génesis. Jacob fue el astuto que se asió del talón cuya propia fuerza fue para él una debilidad casi fatal. Durante dos tercios del total de su vida acarreó en su naturaleza algo difícil y no conquistado. Ni su gloriosa visión en el desierto ni su prolongada y amarga disciplina en Harán habían quebrado su nociva fuerza. Parado en el vado de Jaboc al caer el sol, un sagaz e inteligente gran maestro de la psicología aplicada aprendió de la manera difícil. El cuadro que se le presentaba no era bueno. Él era un vaso estropeado al fabricarlo. Su esperanza yacía en su propia derrota. Él no sabía esto al terminar el día, pero lo había aprendido antes del amanecer. Toda la noche resistió a Dios hasta que bondadosamente Dios tocó el hueco de su muslo y obtuvo la victoria sobre él. Fue solo después de haber caído en humillante derrota que comenzó a sentir el gozo de la liberación de su propia fuerza maligna, el deleite de haber sido conquistado por Dios. Luego clamó en alta voz por la bendición y rehusó irse hasta que ella vino. Había sido una larga lucha, pero para Dios (por razones que solo Él conocía) Jacob había valido la pena del esfuerzo. Ahora se convirtió en otro hombre: de rebelde terco y obstinado fue transformado en un manso y digno amigo de Dios.

Realmente él había prevalecido, pero por su debilidad, no por su fuerza.

Solo los conquistados pueden conocer la verdadera bienaventuranza. Esto es sana filosofía, basada en la vida, y necesaria para la constitución de las cosas. No es necesario que aceptemos esta verdad a ciegas; las razones se pueden descubrir, entre ellas estas: somos seres creados, y como tales tenemos un origen, no existimos por nosotros mismos. No se nos ha dado tener vida por nosotros mismos. Para la vida somos completa y continuamente dependientes de Dios, el Origen y la Fuente de la vida. Solo por plena dependencia de Él se desarrollan las potencialidades ocultas de nuestra naturaleza. Aparte de esto, somos mitad hombres, miembros deformes y opacos de una noble raza que había sido creada para portar la imagen de su Creador.

Una vez en los tiempos antiguos el Señor declaró que el fin de toda carne había llegado ante Él, y los años no han mitigado esa sentencia. "Y los que viven según la carne no pueden agradar a Dios…los designios de la carne son enemistad contra Dios; porque no se sujetan a la ley de Dios, ni tampoco pueden…el ocuparse de la carne es muerte" (Romanos 8:8, 7, 6). Por palabras tales como esas, Dios ha perpetuado la antigua sentencia de condenación. Lo admitamos o no, el golpe de la muerte está sobre nosotros, y será sabiduría salvadora para nosotros aprender a no confiar en nosotros mismos sino en Él, que resucita a los muertos.

Pues, ¿cómo osamos poner nuestra confianza en algo tan efímero, tan fugaz, como la vida humana?

El hombre sabio, afirmo, no puede hallar
    descanso
En lo que perece: ni dará su corazón a lo que
    depende del tiempo.[a]

Desde el siglo dieciocho estas palabras han llegado a nosotros, y en nuestros momentos de calma sabiduría sentimos y sabemos que son verdaderas. ¿Por qué entonces ponemos nuestra confianza en cosas que perecen y nos convertimos así en las víctimas del tiempo y los necios del cambio? ¿Quién ha envenenado nuestra copa y nos ha convertido en rebeldes? Esa serpiente antigua, el diablo, él fue quien primeramente nos engatusó para esa impetuosa declaración de independencia, declaración que, en vista de las circunstancias, es tan profundamente cómica como trágica. Pues nuestro enemigo debe reír ante la increíble vanidad que nos guió a medir fuerzas con el Todopoderoso. Esa es la cínica comedia de todo esto; la tragedia gotea con cada lágrima y se entristece junto a cada tumba.

Un poco de conocimiento de nuestro propio corazón nos obligará a reconocer que no hay esperanza dentro de nosotros mismos, y la más breve ojeada a nuestro alrededor nos debería mostrar que no debemos esperar ayuda de afuera. La propia naturaleza nos enseñará que (apartados de Dios) no somos sino los huérfanos de la creación, los desamparados de los espacios abiertos, atrapados indefensos en medio del torbellino de fuerzas demasiado grandes para comprenderlas. Avanzando a través de este mundo ruge un poder inmenso y ciego que deja a su paso generaciones, ciudades, civilizaciones. La tierra, nuestro fugaz hogar, nos ofrece al final solamente una tumba. Para nosotros no hay nada seguro, nada bueno. En el Señor hay misericordia, pero en el mundo no hay nada, pues la naturaleza y la vida avanzan ajenas al bien o el mal de la pena y el dolor humanos.

Fue para salvar a Jacob de la esperanza engañosa que Dios lo confrontó esa noche a la orilla del río. Para salvarlo de la confianza en sí mismo fue necesario que Dios lo conquistara, para quitarle el control, para tomar Él gran poder y gobernarlo con una vara de amor. Charles Wesley, el dulce cantor de Inglaterra, con una perspicacia espiritual rara incluso entre los cristianos, escribió en boca de Jacob la que él concibió que había sido su oración cuando luchó con Dios en los vados de Jaboc:

Mi fuerza se fue, mi naturaleza muere;
  Me hundo bajo tu potente mano;
Desfallezco para revivir, y caigo para levantarme:
  Caigo, y sin embargo por la fe me pongo de
    pie.

Me pongo de pie y no te dejaré ir,
Hasta que conozca tu nombre y tu naturaleza.
Cojo como estoy, tomo la presa;
Al infierno, al mundo y al pecado, venzo con
facilidad;
Salto de gozo, sigo mi camino,
Y como un venado que salta vuelo al hogar,
Por toda la eternidad para demostrar,
Que tu naturaleza y tu nombre es amor.

Bien podríamos orar que Dios nos invada y nos conquiste, pero hasta que Él lo haga, estaremos en peligro de miles de enemigos. Portamos en nuestro interior las semillas de nuestra propia desintegración. Nuestra imprudencia moral nos pone siempre en peligro de autodestrucción accidental o temeraria. La fuerza de nuestra carne es un peligro siempre presente para nuestras almas. La liberación solo puede venirnos por la derrota de nuestra vieja vida. La seguridad y la paz vienen solamente después de que hemos sido forzados a arrodillarnos. Dios nos rescata quebrándonos, haciendo añicos nuestra fuerza y eliminando nuestra resistencia. Luego Él invade nuestra naturaleza con esa antigua y eterna vida que es desde el principio. Así que Él nos conquista y por esa benigna conquista nos salva para sí mismo.

Con este secreto abierto que espera ser fácilmente descubierto, ¿por qué en casi todas nuestras ajetreadas actividades obramos en otra dirección? ¿Por qué edificamos nuestras iglesias sobre la carne humana? ¿Por qué almacenamos lo que el Señor ha repudiado hace mucho tiempo, y menospreciamos esas cosas que Dios tiene en tan alta estima? Porque enseñamos a los hombres no a morir con Cristo sino a vivir en la fuerza de su agonizante hombría. Nos gloriamos, no en nuestras debilidades sino en nuestra fuerza. Los valores que Cristo ha declarado falsos son vueltos a presentar a la aceptación evangélica, y promovidos como la misma vida y sustancia del camino cristiano. Con cuánta avidez buscamos la aprobación de este o aquel hombre de mundana reputación. De qué manera vergonzosa explotamos a la celebridad convertida. Cualquiera hará que quiten el reproche de la oscuridad de nuestros líderes hambrientos de publicidad: los atletas famosos, los congresistas, los viajeros globales, los industriales ricos; ante los tales nos inclinamos con sonrisas serviles y los honramos en nuestras reuniones públicas y en la prensa religiosa. Así glorificamos a los hombres para aumentar el prestigio de la Iglesia de Dios, y la gloria del Príncipe de la Vida es colocada sobre la fama pasajera de un hombre que morirá.

Es sorprendente que afirmemos ser seguidores de Cristo y sin embargo tomemos tan a la ligera las palabras de sus siervos. No podríamos actuar como lo hacemos si tomáramos con seriedad la advertencia de Santiago el siervo de Dios:

Hermanos míos, que vuestra fe en nuestro glorioso Señor Jesucristo sea sin acepción de personas. Porque si en vuestra congregación entra un hombre con anillo de oro y con ropa espléndida, y también entra un pobre con vestido andrajoso, y miráis con agrado al que trae la ropa espléndida y le decís: Siéntate tú aquí en buen lugar; y decís al pobre: Estate tú allí en pie, o siéntate aquí bajo mi estrado; ¿no hacéis distinciones entre vosotros mismos, y venís a ser jueces con malos pensamientos? Hermanos míos amados, oíd: ¿No ha elegido Dios a los pobres de este mundo, para que sean ricos en fe y herederos del reino que ha prometido a los que le aman? (Santiago 2:1–5).

Pablo veía estas cosas bajo otra luz que aquellos a quienes Santiago hacía su reclamo. "En la cruz", dijo él, "el mundo me es crucificado a mí, y yo al mundo" (vea Gálatas 6:14). La cruz donde Jesús murió llegó a ser también la cruz en que murió su apóstol. La pérdida, el rechazo, la deshonra son tanto de Cristo como de todos los que en verdad son suyos. La cruz que los salva también los mata, y algo menos que esto es una seudofe y no una fe verdadera. Pero ¿qué decir cuando la gran mayoría de nuestros líderes evangélicos no caminan como hombres crucificados sino como los que aceptan al mundo con sus propios valores, rechazando solo sus elementos más burdos? ¿Cómo podemos mirar a Aquel que fue crucificado y muerto cuando vemos a sus seguidores aceptados y alabados? Sin embargo, predican la cruz y declaran en voz alta que son verdaderos creyentes. ¿Existen entonces dos cruces? ¿Y Pablo quiso decir una cosa y ellos otra? Temo que es así, que hay dos cruces, la cruz antigua y la nueva.

Al recordar mis propias imperfecciones yo pensaría y hablaría con caridad de todos los que asumen el valioso Nombre por el cual somos llamados los cristianos. Pero si bien veo, la cruz del evangelismo popular no es la cruz del Nuevo Testamento. Es más bien, un nuevo adorno brillante sobre el pecho del cristianismo carnal y seguro de sí cuyas manos en verdad son las manos de Abel, pero cuya voz es la voz de Caín. La antigua cruz mataba a los hombres; la nueva cruz los entretiene. La antigua cruz condenaba; la nueva cruz divierte. La antigua cruz destruía la confianza en la carne; la nueva, la fomenta. La antigua cruz traía lágrimas y sangre; la nueva cruz trae risa. La carne, sonriente y confiada, predica y canta acerca de la cruz; ante la cruz se inclina y hacia la cruz señala con cuidadoso y orquestado histrionismo, pero no morirá sobre esa cruz, y rehusará tercamente llevar el oprobio de esa cruz.

Bien sé cuántos argumentos tranquilizadores pueden esgrimirse para apoyar la nueva cruz. ¿No gana convertidos la nueva cruz, y hace muchos seguidores acarreando así la ventaja del éxito numérico? ¿No deberíamos adaptarnos a los cambios de los tiempos?

¿No hemos oído el nuevo eslogan: "Nuevos días, nuevas formas"? ¿Y quién sino alguien muy anciano y conservador insistiría en la muerte como el camino designado para la vida? ¿Y quién está interesado hoy en día en un misticismo lúgubre que sentenciaba su carne a la cruz y recomendaba la humillación de negarse a sí mismo como una virtud que realmente debe ser practicada por los cristianos modernos? Estos son los argumentos, junto con muchos todavía más frívolos, que se presentan para dar una apariencia de sabiduría a la cruz vacía y sin sentido del cristianismo popular.

Sin duda hay muchos cuyos ojos están abiertos a la tragedia de nuestros tiempos, pero ¿por qué están tan silenciosos cuando su testimonio se necesita con tanta urgencia? En el nombre de Cristo los hombres han dejado vacía la cruz de Cristo. "Voz de cantar oigo yo" (Éxodo 32:18). Los hombres han fabricado una cruz de oro con un cincel y ante ella se sientan, y comen y beben y se levantan a jugar. En su ceguera han sustituido con la obra de sus propias manos el obrar del poder de Dios. Tal vez nuestra mayor necesidad presente sea la venida de un profeta que arroje las piedras al pie del monte y llame a la Iglesia al arrepentimiento o al juicio.

Para todos quienes deseamos seguir a Cristo el camino está claro. Es el camino desde la muerte hasta la vida. Siempre la vida se halla más allá de la muerte y llama al hombre que está hastiado de sí mismo a venir y conocer la vida más abundante. Pero para alcanzar la nueva vida él debe pasar por el valle de sombra de muerte, y sé que al mero sonido de esas palabras muchos volverán atrás y ya no seguirán a Cristo. Pero "¿a quién iremos? Tú tienes palabras de vida eterna" (Juan 6:68). Puede ser que haya algunos seguidores bien dispuestos que volvieron atrás porque no pueden aceptar la morbosidad que parece connotar el concepto de la cruz. Son amantes del sol y encuentran demasiado difícil pensar en vivir siempre en las sombras. No desean morar con la muerte ni vivir por siempre en una atmósfera de agonía. Y su instinto es bueno. La Iglesia en general ha hecho demasiadas escenas de lechos de muerte y cementerios y funerales. El olor a humedad de las iglesias, el lento y solemne paso del ministro, la apagada quietud de los adoradores y el hecho de que muchos entran a una iglesia solo para presentar sus últimos respetos al muerto, todo se suma a la noción de que la religión es algo para ser temido y, como una cirugía mayor, debe soportarse solo cuando estemos atrapados en una crisis. Todo esto no es la religión de la cruz; es más bien una burda parodia de ella. El cristianismo del cementerio, aunque no relacionado ni remotamente con la doctrina de la cruz, puede sin embargo ser culpado en parte por la aparición de la nueva y alegre cruz de hoy en día. Los hombres ansían la vida, pero cuando se les dice que la vida viene por medio de la cruz no pueden entender cómo puede ser eso, pues han aprendido a asociar la cruz con imágenes típicas como las placas de los monumentos, las naves laterales poco iluminadas y las hiedras. Así que rechazan el verdadero mensaje de la cruz y con ese mensaje rechazan la única esperanza de vida conocida para los hijos del hombre. La verdad es que Dios nunca planeó que sus hijos vivieran por siempre extendidos sobre una cruz. Cristo mismo soportó su cruz solamente durante seis horas. Cuando la cruz hubo hecho su obra, la vida entró y tomó el control. "Por lo cual Dios también le exaltó hasta lo sumo, y le dio un nombre que es sobre todo nombre" (Filipenses 2:9).

Su gozosa resurrección siguió concretamente a su crucifixión carente de gozo. Pero lo primero tenía que venir antes que lo segundo. La vida que llegó a su fin en la cruz no es sino algo fugitivo y condenado, sentenciado al fin a ser perdido sin posibilidad de recuperarse. Esa vida que va a la cruz y se pierde a sí misma allí para resucitar con Cristo es una vida divina y un tesoro inmortal. Sobre ella la muerte ya no tiene dominio. Quienquiera que rehúse llevar su vieja vida a la cruz no está sino tratando de engañar a la muerte, y por muy arduamente que luchemos contra ella, él está, no obstante, destinado a perder su vida al fin. El hombre que toma su cruz y sigue a Cristo pronto encontrará que su dirección se *aleja* del sepulcro. La muerte está detrás de él y delante, una vida gozosa y creciente. Sus días serán marcados en lo sucesivo no por la melancolía eclesiástica, el cementerio, el tono vacío, las vestiduras negras (todas las cuales no son sino las mortajas de una iglesia muerta), sino por el "gozo inefable y glorioso" (1 Pedro 1:8). La verdadera fe siempre debe significar más que pasiva aceptación. Osa significar no menos que la entrega de nuestra condenada vida adánica a un misericordioso fin en la cruz. Es decir, obtenemos la justa sentencia de Dios contra nuestra malvada carne y admitimos su derecho a terminar con su desagradable camino. Consideramos que hemos sido crucificados con Cristo y resucitados a una novedad de vida. Donde existe esa fe, Dios siempre obrará de acuerdo con lo que creemos. Luego comienza la conquista divina de nuestras vidas. Dios logra eso por un efectivo apoderamiento, una sostenida invasión de nuestra naturaleza impelida por el amor. Cuando Él ha vencido nuestra resistencia nos ata con cuerdas de amor y nos atrae a sí mismo. Allí, "desfallecidos por su hermosura" yacemos conquistados y dando gracias a Dios una y otra vez por la bendita conquista. Allí, con nuestro sentido moral cuerdamente restaurado, elevamos nuestros ojos y bendecimos al Dios Altísimo. Luego avanzamos en fe para asir aquello por lo cual fuimos asidos primero por Dios.

Yo te alabo, oh Padre, Señor del cielo y de la tierra, porque escondiste estas cosas de los sabios y entendidos, y las has revelado a los niños. Sí, Padre, porque así te agradó (Lucas 10:21).

CAPÍTULO 5

El olvidado

Pero el Consolador,
el Espíritu Santo... (Juan 14:26).

AL DESCUIDAR O negar la deidad de Cristo los liberales han cometido un trágico error, puesto que no les deja nada sino un Cristo imperfecto cuya muerte fue un mero martirio y cuya resurrección es un mito. Los que siguen a un salvador meramente humano no siguen a un salvador, sino solamente a un ideal, y además a uno que solo puede burlarse de sus debilidades y pecados. Si el hijo de María no fue el Hijo de Dios en un sentido en que ningún otro hombre lo es, entonces no puede haber más esperanza para la raza humana. Si Él, que se llamó a sí mismo la Luz del Mundo, fue solamente una antorcha titilante, entonces la oscuridad que envuelve a la tierra está aquí para quedarse. Los así llamados líderes cristianos hacen caso omiso de esto encogiéndose de hombros, pero su responsabilidad hacia las almas de sus rebaños no puede ser descartada con un encogimiento de hombros. Dios les va a seguir pidiendo cuentas por la herida que han infligido a la gente sencilla que confió en ellos como guías espirituales.

Pero, aunque es culpable el acto del liberal al negar la divinidad de Cristo, nosotros que nos jactamos de nuestra ortodoxia no debemos permitir que nuestra indignación nos ciegue a nuestras propias deficiencias. Ciertamente este no es tiempo para autocongratulaciones, ya que también nosotros en años recientes hemos cometido una costosa metedura de pata en religión, una metedura de pata paralelamente cercana a la de los liberales. Nuestro error garrafal (¿o decimos francamente, nuestro pecado?) ha sido descuidar la doctrina del Espíritu al punto de virtualmente negar su lugar en la Divinidad. Esta negación no ha sido una declaración doctrinal abierta, pues nos hemos aferrado lo suficientemente cerca de la posición bíblica en los pronunciamientos de nuestro credo. Nuestro credo formal es sano; *la falla está en la práctica de nuestro credo.*

Esta no es una distinción insignificante. Una doctrina tiene valor práctico solamente en la medida en que sea importante en nuestros pensamientos y haga una diferencia en nuestras vidas. Según este test, la doctrina del Espíritu Santo como la sostienen los cristianos evangélicos de hoy casi no tiene valor práctico alguno. En la mayoría de las iglesias cristianas al Espíritu se lo pasa por alto completamente. Que Él esté presente o ausente no hace ninguna verdadera diferencia para nadie. Se hace una breve referencia a Él en la doxología y la bendición. Por lo demás, hasta podría no existir. Lo ignoramos tan completamente que solo por cortesía podemos ser llamados trinitarios. La doctrina cristiana de la trinidad declara osadamente la igualdad de las Tres Personas y el derecho del Espíritu Santo a ser adorado y glorificado. Cualquier cosa que sea menos que esto también es menos que trinitarismo.

Nuestra negligencia hacia la doctrina de la bendita Tercera Persona ha tenido y tiene graves consecuencias. Pues la doctrina es dinamita. Debe tener un énfasis lo suficientemente agudo para detonarla antes de que su poder se manifieste. Fracasar en esto puede hacer que quede inactiva, sin efecto en lo más recóndito de nuestras mentes por el resto de nuestras vidas. La doctrina del Espíritu es dinamita enterrada. Su poder espera ser descubierto y usado por la Iglesia. El poder del Espíritu no será dado como un punto a favor de la verdad neumatológica. Al Espíritu Santo no le interesa si lo escribimos en nuestro credo en el reverso de nuestros himnarios; Él espera que lo *enfaticemos*. Cuando Él entre en el pensamiento de los maestros, entrará en la expectativa de los oyentes. Cuando el Espíritu Santo deje de ser incidental y se vuelva otra vez fundamental, el poder del Espíritu será reivindicado una vez más entre las personas llamadas cristianas.

La idea del Espíritu que tiene el miembro promedio de una iglesia es tan vaga que se acerca a lo inexistente. Cuando piensa en el tema, si es que piensa, probablemente esté tratando de imaginar una sustancia nebulosa como una voluta de humo invisible que dice estar presente en las iglesias y que se cierne sobre las personas buenas cuando están muriendo. Sinceramente, él no cree nada de eso, pero quiere creer algo, y sin ganas de tomarse el trabajo de examinar toda la verdad a la luz de la Escritura, se pone en peligro manteniendo la creencia en el Espíritu tan lejos del centro de su vida como le es posible, sin permitir que haga una diferencia en nada que lo toque de manera práctica. Esto describe a un número sorprendentemente grande de personas serias que están tratando sinceramente de ser cristianas.

Ahora bien, ¿cómo deberíamos pensar del Espíritu? Una respuesta completa podría requerir miles de volúmenes. Podemos a lo sumo señalar a la "misericordiosa unción de lo alto" y esperar que el propio deseo del lector pueda proveer el estímulo necesario para urgirlo a conocer a la bendita Tercera Persona por sí mismo.

Si leo bien el registro de la experiencia cristiana a lo largo de los años, los que más han disfrutado del poder del Espíritu han sido los que menos intentaron definirlo. Los santos de la Biblia que caminaron en el Espíritu nunca trataron de explicarlo. En los tiempos posbíblicos a muchos que fueron llenados

y controlados por el Espíritu, las limitaciones de sus
dones literarios les impidieron decirnos mucho acerca
de Él. Ellos no tenían dones para el autoanálisis pero
vivían interiormente con sencillez sin cuestionamientos. Para ellos el Espíritu era Alguien a quien amar
y con quien tener comunión de igual manera que con
el propio Señor Jesús. Habrían estado completamente
perdidos en una discusión metafísica sobre la naturaleza del Espíritu, pero no tenían ningún problema en
reclamar el poder del Espíritu para vivir santamente y
servir fructíferamente.

Así es como debería ser. La experiencia personal
siempre debe estar primero en la vida real. Lo más
importante es lo que realmente experimentamos por el
método más corto y más directo. Un niño puede comer
alimentos nutritivos sin saber nada de química o dieté-
tica. Un muchacho de campo puede conocer los delei-
tes del amor puro aunque nunca haya oído de Sigmund
Freud o Havelock Ellis.[1] El conocimiento por relación
siempre es mejor que el mero conocimiento por descripción, y el primero no presupone al segundo ni tampoco lo requiere.

En religión más que en cualquier otro campo de la
experiencia humana siempre debe hacerse una aguda
distinción entre el *saber acerca de* y el *conocer*. La distinción es la misma que entre saber acerca de los alimentos y efectivamente comerlos. Un hombre puede
morir de inanición sabiéndolo todo acerca del pan, y

un hombre puede permanecer espiritualmente muerto aunque sepa todos los hechos históricos del cristianismo. "Y esta es la vida eterna: que te conozcan a ti, el único Dios verdadero, y a Jesucristo, a quien has enviado" (Juan 17:3). Hemos introducido una expresión adicional en este versículo para hacer ver cuán grande es la diferencia entre saber acerca de y conocer: "Y esta es la vida eterna: que sepan *acerca de* ti, el único Dios verdadero, y a Jesucristo, a quien has enviado". Esa sola expresión hace toda la diferencia entre la vida y la muerte, ya que va a la raíz misma del versículo y cambia su teología radical y vitalmente.

Por todo esto no deberíamos subestimar la importancia del mero saber acerca de. Su valor radica en su capacidad para incitarnos a desear conocer como experiencia real. Así, el conocimiento por descripción puede guiar al conocimiento por relación. *Puede* guiar, digo, pero no necesariamente lo hace. Por tanto no osamos concluir que porque aprendemos acerca del Espíritu, por esa razón realmente lo conocemos. El conocerlo viene solamente por un encuentro personal con el propio Espíritu Santo.

¿Cómo pensamos del Espíritu? Puede aprenderse mucho acerca del Espíritu Santo de la palabra *espíritu* en sí. Espíritu significa existencia en un nivel superior y más allá de la materia; significa vida que subsiste de otro modo. Espíritu es sustancia que no tiene peso, ni dimensión, ni tamaño, ni extensión en el espacio.

Estas cualidades pertenecen a la materia y no pueden ser aplicadas al espíritu. Sin embargo, el espíritu tiene un verdadero ser y es objetivamente real. Si le es difícil imaginar esto, simplemente páselo por alto, pues no es más que un torpe intento de la mente de comprender lo que está por encima de sus capacidades. Y no resulta nocivo si al pensar en el Espíritu somos obligados por las limitaciones de nuestro intelecto a vestirlo con el familiar atavío de la forma material.

¿Cómo pensamos en el Espíritu? La Biblia y la teología cristiana concuerdan en enseñar que Él es una Persona, provista de todas las cualidades de la personalidad, tales como emotividad, intelecto y voluntad. Él sabe, Él quiere, Él ama; Él percibe el afecto, la antipatía y la compasión. Él piensa, ve, oye, habla y realiza cualquier acto del cual una personalidad es capaz.

Una cualidad que pertenece al Espíritu Santo, de gran interés e importancia para cada corazón que busca, es la capacidad de penetrar. Él puede penetrar la mente; puede penetrar otro espíritu, tal como el espíritu humano. Puede penetrar completamente en el espíritu humano y entremezclarse verdaderamente con él. Puede invadir el corazón humano y hacer lugar para sí mismo sin expulsar nada esencialmente humano. Toda la personalidad humana permanece sin ser afectada. Solamente el mal moral es forzado a salir.

El problema metafísico implícito aquí no puede evitarse ni resolverse. ¿Cómo puede una personalidad entrar en otra? La respuesta más ingenua sería simplemente que no lo sabemos, pero podemos aproximarnos a la comprensión mediante una sencilla analogía tomada de los antiguos escritores de devocionales de hace varios cientos de años. Colocamos una pieza de hierro en el fuego y soplamos los carbones. Al principio tenemos dos sustancias distintas, hierro y fuego. Cuando insertamos el hierro en el fuego logramos la penetración del hierro, y no solo tenemos el hierro en el fuego sino también el fuego en el hierro. Son dos sustancias distintas, pero se han mezclado e interpenetrado al punto de que las dos se han vuelto una.

De una manera similar el Espíritu Santo penetra nuestros espíritus. En toda la experiencia conservamos nuestro propio yo. No hay destrucción de sustancia. Cada uno sigue siendo un ser separado como antes; la diferencia es que ahora el Espíritu penetra y llena nuestra personalidad, y somos *experiencialmente uno con Dios.*

¿Cómo pensamos en el Espíritu Santo? La Biblia declara que Él es Dios. Toda cualidad que pertenece al Dios Todopoderoso es atribuida libremente a Él. Todo lo que Dios es, se afirma que el Espíritu lo es. El Espíritu de Dios es uno con Dios e igual a Dios así como el espíritu del hombre es igual al hombre y uno con el hombre. Esto se enseña tan plenamente en las Escrituras que podemos sin discusión omitir la formalidad de los textos que lo prueban. El lector más superficial lo habrá descubierto por sí mismo. La Iglesia histórica, al formular su "regla de fe" escribió osadamente en su confesión de fe su creencia en la divinidad del Espíritu Santo. El Credo de los Apóstoles confiesa la fe en el Padre y en el Hijo y en el Espíritu Santo, y no hace ninguna diferencia entre los tres. Los padres que redactaron el Credo Niceno declararon en un pasaje de gran belleza su fe en la deidad del Espíritu:

Y creo en el Espíritu Santo, Señor y Dador de vida, procedente del Padre y del Hijo, el cual con el Padre y el Hijo juntamente es adorado y glorificado.[a]

La controversia arriana del siglo cuatro obligó a los padres a declarar sus creencias con mayor claridad que antes. Entre los importantes escritos que aparecieron en ese tiempo está el Credo de Atanasio. Quien lo compuso nos interesa poco ahora. Fue escrito como un intento de establecer en tan pocas palabras como fuera posible lo que la Biblia enseña acerca de la naturaleza de Dios; y esto ha sido hecho con una comprensibilidad y precisión difícilmente igualada en ninguna literatura del mundo. Aquí tenemos algunas citas concernientes a la deidad del Espíritu Santo:

Una es la persona del Padre, otra la del Hijo, otra la del Espíritu Santo. Pero una sola es la divinidad del Padre, y del Hijo, y del Espíritu Santo; igual la gloria, y coeterna la majestad. Y en esta Trinidad ninguno es primero o postrero; ninguno mayor o menor: sino que todas las tres personas son coeternas juntamente y coiguales. Así que en todas las cosas, como queda dicho, debe ser venerada la Trinidad en la unidad y la unidad en la Trinidad.[b]

En su sagrada himnografía la Iglesia ha reconocido libremente la divinidad del Espíritu y en su canto inspirado lo ha adorado con gozosa entrega. Algunos de nuestros himnos al Espíritu se han vuelto tan familiares que tendemos a perder su verdadero significado a causa de esa familiaridad. Tal es el maravilloso himno "Espíritu Santo, con divina luz" (Holy Spirit, with Ligh Divine); otro es el más reciente "Sopla en mí, aliento de Dios" (Breathe on Me, Breath of God); y hay muchos otros. Han sido cantados con tanta frecuencia por personas que no tenían conocimiento experiencial de su contenido que para la mayoría de nosotros se han vuelto casi carentes de significado.

En las obras poéticas de Frederick Faber encontré un himno al Espíritu Santo al que catalogaría entre los más bellos jamás escritos, pero, que yo sepa, no se le ha puesto música, o si se lo ha hecho, no se canta en ninguna iglesia que yo conozca. ¿Podrá deberse a que implica una experiencia personal del Espíritu Santo tan profunda, tan íntima, tan intensamente ardiente que no se corresponde con nada en los corazones de los adoradores del evangelicalismo de este tiempo? Cito algunas estrofas:

¡Fuente de amor! ¡Dios verdadero!
¡Que en los días eternos
Del Padre y del Hijo has fluido
De maneras increadas!

¡Tengo temor de ti, Amor no engendrado!
¡Dios verdadero! ¡Única fuente de la gracia!
Y ahora ante tu bendito trono
Mi yo pecador se humilla.

¡Oh, Luz! ¡Oh, Amor! ¡Oh Dios mismo!
Ya no oso contemplar
tus maravillosos atributos
y tus misteriosos caminos.

Estas líneas tienen todo para constituir un gran himno: sólida teología, estructura fluida, hermosa letra, mucha compresión de ideas profundas y una carga plena de elevado sentimiento religioso. Sin embargo, están completamente olvidadas. Creo que un poderoso resurgir del poder del Espíritu entre nosotros abrirá otra vez los pozos de la himnografía olvidados durante tanto tiempo. Pues el canto nunca puede traer al Espíritu Santo, pero el Espíritu Santo invariablemente trae el canto.

Lo que tenemos en la doctrina cristiana del Espíritu Santo es a la Deidad presente entre nosotros. Él no es meramente el mensajero de Dios; *Él es Dios.* Él es Dios en contacto con sus criaturas, haciendo en ellas y en medio de ellas una obra de salvación y renovación.

Las Personas de la Divinidad nunca obran separadamente. No osamos pensar en ellas de manera tal de "dividir la sustancia". Cada acto de Dios es realizado por las tres Personas. Dios nunca está presente en ninguna parte en una Persona sin las otras dos. Él no puede dividirse a sí mismo. Donde está el Espíritu, allí también están el Padre y el Hijo. "Vendremos a él, y haremos morada con él" (Juan 14:23). Para el cumplimiento de alguna obra específica una Persona puede por un tiempo ser más prominente que las otras dos, pero Él nunca está solo. Dios está totalmente presente siempre que está presente.

Ante la pregunta reverente "¿Cómo es Dios?", una respuesta apropiada siempre será: "Él es como Cristo". Porque Cristo es Dios, y el Hombre que caminó entre los hombres en Palestina era Dios actuando como Él mismo en la familiar situación en que su encarnación lo colocó. A la pregunta: "¿Cómo es el Espíritu?" la respuesta siempre debe ser: "Él es como Cristo". Puesto que el Espíritu es la esencia del Padre y del Hijo. Como ellos son, así es Él. Como sentimos hacia Cristo y hacia nuestro Padre que está en los cielos, así deberíamos sentir hacia el Espíritu del Padre y del Hijo. El Espíritu Santo es el Espíritu de vida, luz y amor. En su naturaleza increada Él es un ilimitado mar de fuego, fluyendo, moviéndose siempre, desarrollando al moverse los propósitos eternos de Dios. Respecto a la naturaleza Él realiza una clase de obra; respecto al mundo, otra, y respecto a la Iglesia, otra. Y toda acción suya está de acuerdo con la voluntad del Trino Dios. Él nunca actúa por impulso ni se mueve por una decisión apresurada o arbitraria. Como Él es el Espíritu del Padre siente hacia su pueblo exactamente como el Padre, de modo que no es necesaria de nuestra parte ninguna sensación de rareza respecto de su presencia. Él siempre actuará como Jesús: con los pecadores, con compasión; con los santos con cálido afecto; con el sufrimiento humano con la más tierna piedad y amor.

Es tiempo de que nos arrepintamos, porque nuestras transgresiones contra la bendita Tercera Persona han sido muchas y muy graves. Lo hemos maltratado implacablemente en la casa de sus amigos. Lo hemos crucificado en su propio templo como crucificaron al Hijo Eterno en el monte de Jerusalén. Y los clavos que usamos no fueron de hierro, sino del material más fino y más precioso del cual está hecha la vida humana. De nuestros corazones tomamos los metales refinados de la voluntad, el sentimiento y el pensamiento, y con ellos formamos los clavos de la sospecha, la rebelión y la indiferencia. Con pensamientos indignos hacia Él, y actitudes hostiles lo contristamos y lo apagamos por interminables días.

El arrepentimiento más genuino y más aceptable es revertir los actos y actitudes de los cuales nos arrepentimos. Mil años de remordimiento por un acto malvado no agradarían a Dios tanto como un cambio de conducta y una vida reformada. "Deje el impío su camino, y el hombre inicuo sus pensamientos, y vuélvase a Jehová, el cual tendrá de él misericordia, y al Dios nuestro, el cual será amplio en perdonar" (Isaías 55:7).

Bien podemos arrepentirnos de nuestro descuido, no descuidándolo ya más. Comencemos a pensar en Él como Aquel a quien adorar y obedecer. Abramos de par en par todas las puertas e invitémoslo a entrar. Entreguémosle a Él cada habitación del templo de nuestro corazón, e insistamos en que entre y lo ocupe como Señor y Dueño en su propia morada. Y recordemos que Él es atraído hacia el dulce nombre de Jesús como las abejas a la fragancia del trébol. Donde se honra a Cristo el Espíritu sin duda se sentirá aceptado; donde se glorifica a Cristo, Él se moverá libremente, a gusto y se sentirá en casa.

CAPÍTULO 6

La iluminación del Espíritu

Respondió Juan y dijo:
No puede el hombre recibir nada,
si no le fuere dado del cielo (Juan 3:27).

AQUÍ SE HALLA, en una breve oración, la esperanza y la desesperación de la humanidad. "No puede el hombre recibir nada". Por el contexto sabemos que Juan está hablando de una verdad espiritual. Está diciendo que hay una clase de verdad que jamás puede ser captada por medio del intelecto, pues el intelecto existe para la aprehensión de ideas, y esta verdad no consiste en ideas sino en vida. La divina verdad es de la naturaleza del espíritu y por esa razón solamente puede recibirse por medio de una revelación espiritual. "…si no le fuere dado del cielo".

Lo que Juan presentaba aquí no era una nueva doctrina, sino más bien un avance de una verdad ya enseñada en el Antiguo Testamento. El profeta Isaías, por ejemplo, tiene este pasaje:

Porque mis pensamientos no son vuestros pensamientos, ni vuestros caminos mis caminos, dijo Jehová. Como son más altos los cielos que la tierra, así son mis caminos más altos que vuestros caminos, y mis pensamientos más que vuestros pensamientos (Isaías 55:8–9).

Tal vez para sus lectores esto no haya significado sino que los pensamientos de Dios, aunque similares a los nuestros, eran más elevados, y sus caminos tan superiores a los nuestros como correspondería a los caminos de Aquel cuya sabiduría es infinita y cuyo poder es ilimitado. Ahora bien, Juan dice lo suficientemente claro que los pensamientos de Dios no solo son cuantitativamente superiores a los nuestros sino cualitativamente por completo diferentes de los nuestros. Los pensamientos de Dios pertenecen al mundo del espíritu; los del hombre, al mundo del intelecto, y aunque el espíritu puede acceder al intelecto, el intelecto humano nunca puede comprender al espíritu. Los pensamientos del hombre no pueden acceder a los pensamientos de Dios. "¡Cuán insondables son sus juicios, e inescrutables sus caminos!" (Romanos 11:33).

Dios hizo al hombre a su imagen y colocó en él un órgano por medio del cual pudiera conocer las cosas espirituales. Cuando el hombre pecó ese órgano murió. "Muertos en pecados" es una descripción no del cuerpo ni tampoco del intelecto, sino del órgano del conocimiento de Dios dentro del alma humana. Ahora los hombres están forzados a depender de otro órgano inferior, uno que además es completamente inadecuado para ese propósito. Me refiero, por supuesto, a la mente como asiento de las facultades de la razón y del entendimiento. El hombre, por esa razón, no puede conocer a Dios; solo puede *saber acerca de* Dios. Por medio de la luz de la razón pueden descubrirse ciertos hechos importantes acerca de Dios.

Porque lo que de Dios se conoce les es manifiesto, pues Dios se lo manifestó. Porque las cosas invisibles de él, su eterno poder y deidad, se hacen claramente visibles desde la creación del mundo, siendo entendidas por medio de las cosas hechas, de modo que no tienen excusa (Romanos 1:19–20).

Por medio de la luz natural la razón moral del hombre puede ser iluminada, pero los misterios más profundos de Dios permanecen ocultos para él hasta que haya recibido la iluminación de lo alto.

Pero el hombre natural no percibe las cosas que son del Espíritu de Dios, porque para él son locura, y no las puede entender, porque se han de discernir espiritualmente (1 Corintios 2:14).

Cuando el Espíritu ilumina el corazón, una parte del hombre ve lo que antes nunca vio; una parte de él conoce lo que antes nunca conoció, y eso con una clase de saber que el más perspicaz pensador no podría imitar. Él ahora conoce de una manera profunda y autoritativa, y lo que conoce no necesita una prueba basada en la razón. Su experiencia de conocimiento va más allá de la razón: inmediata, perfectamente convincente, e internamente satisfactoria.

"No puede el hombre recibir nada". Ese es el tema principal de la Biblia. Lo que sea que los hombres puedan pensar de la razón humana, Dios tiene una baja opinión de ella. "¿Dónde está el sabio? ¿Dónde está el escriba? ¿Dónde está el disputador de este siglo? ¿No ha enloquecido Dios la sabiduría del mundo?" (1 Corintios 1:20). La razón del hombre es un instrumento fino, y útil dentro de su campo. Es un regalo de Dios y Dios no titubea en apelar a ella, como cuando le reclama a Israel: "Venid ahora, y razonemos" (Isaías 1:18, LBLA).La incapacidad de la razón humana como órgano del conocimiento divino surge, no de su propia debilidad, sino de su inadecuación para la tarea debido a su propia naturaleza. Ella no fue dada como un órgano por medio del cual conocer a Dios.

La doctrina de la incapacidad de la mente humana y la necesidad de la iluminación divina se desarrolla tan completamente en el Nuevo Testamento que es realmente asombroso que nos hayamos extraviado a tal punto de toda la cuestión. El fundamentalismo ha guardado distancia de los liberales en afectada superioridad y por su propia parte ha caído en error, en el error del textualismo, que es simplemente ortodoxia sin el Espíritu Santo. En todas partes entre los conservadores encontramos personas que son enseñadas en Biblia pero no enseñadas en el Espíritu. Conciben la verdad como algo que pueden captar con la mente. Si un hombre adhiere a los fundamentos de la fe cristiana se supone que posee la verdad divina. Pero no es eso lo que se sigue. No existe verdad aparte del Espíritu. El intelecto más brillante puede ser idiotizado al confrontarse con los misterios de Dios. Para que un hombre comprenda la verdad revelada se requiere un acto de Dios igual al acto original que inspiró el texto.

"Si no le fuere dado del cielo". Aquí está el otro lado de la verdad; aquí hay esperanza para todos, pues ciertamente estas palabras sí significan que hay una cosa tal como un don de conocimiento, un don que viene del cielo. Cristo enseñó a sus discípulos a esperar la venida del Espíritu de Verdad que les enseñaría todas las cosas. Él explicó que el conocimiento de Pedro acerca de que Él era el Salvador fue una revelación directa del Padre celestial. Y en una de sus oraciones dijo:

Te alabo, Padre, Señor del cielo y de la tierra, porque escondiste estas cosas de los sabios y de los entendidos, y las revelaste a los niños (Mateo 11:25).

Por "sabios y entendidos" nuestro Señor no se refería a los filósofos griegos sino a los judíos estudiantes de la Biblia y maestros de la Ley.

Esta idea básica, la incapacidad de la razón del hombre como instrumento del conocimiento de Dios, fue completamente desarrollada en las epístolas de Pablo. El apóstol francamente descarta toda facultad natural como instrumento para descubrir la verdad divina y nos vuelve a arrojar indefensos a la obra interior del Espíritu.

Antes bien, como está escrito: Cosas que ojo no vio, ni oído oyó, ni han subido en corazón de hombre, son las que Dios ha preparado para los que le aman. Pero Dios nos las reveló a nosotros por el Espíritu; porque el Espíritu todo lo escudriña, aun lo profundo de Dios. Porque ¿quién de los hombres sabe las cosas del hombre, sino el espíritu del hombre que está en él? Así tampoco nadie conoció las cosas de Dios, sino el Espíritu de Dios. Y nosotros no hemos recibido el espíritu del mundo, sino el Espíritu que proviene de Dios, para que sepamos lo que Dios nos ha concedido (1 Corintios 2:9–12).

El pasaje citado está tomado de la primera epístola de Pablo a los Corintios y no está fuera de contexto ni colocado en un entorno que tienda a distorsionar su significado. En verdad expresa la esencia misma de la filosofía espiritual de Pablo, concuerda completamente con el resto de la epístola y, podría añadir, con el resto de sus escritos ya que los tenemos preservados en el Nuevo Testamento. Esa clase de racionalismo teológico que es tan popular hoy en día habría sido absolutamente extraño para la mente del gran apóstol. Él no tenía fe en la capacidad del hombre para comprender la verdad aparte de la iluminación directa del Espíritu Santo.

Acabo de usar la palabra *racionalismo* y debo retractarme o justificar su uso en asociación con la ortodoxia. Creo que no tendré problema en hacer esto último. Pues el textualismo de nuestros tiempos se basa en la misma premisa que el racionalismo tradicional, es decir, la creencia en que la mente humana es la suprema autoridad en la apreciación de la verdad. O, dicho de otro modo, es *la confianza en la capacidad de la mente humana para hacer aquello que la Biblia declara que no fue creada para hacer, y por lo tanto es completamente incapaz de realizar.* El racionalismo filosófico es lo suficientemente sincero como para rechazar rotundamente la Biblia. El racionalismo teológico la rechaza mientras pretende aceptarla y al hacerlo se arranca sus propios ojos.

La almendra interior de la verdad tiene la misma configuración que la cáscara exterior. La mente puede captar la cáscara pero solamente el Espíritu de Dios puede asir la esencia interna. Nuestro gran error ha sido que hemos confiando en la cáscara y creímos que éramos sólidos en la fe porque podíamos explicar la forma externa de la verdad como la encontramos en la letra de la Palabra.

Por este mortal error el fundamentalismo está muriendo lentamente. Hemos olvidado que la esencia de la verdad espiritual no puede venir a aquel que conoce la cáscara externa de la verdad, a menos que primero haya una milagrosa operación del Espíritu dentro de su corazón.

Esos matices de deleite religioso que acompañan la verdad cuando el Espíritu la ilumina están casi ausentes en la Iglesia de hoy. Esas vislumbres embriagadoras de la patria celestial son pocas y tenues; la fragancia de la "Rosa de Sarón" es apenas perceptible. En consecuencia hemos sido forzados a buscar en otra parte nuestro deleite y lo hemos hallado en la dudosa maestría de cantantes de ópera convertidos, o en las melodías tintineantes de extraños y curiosos arreglos musicales. Hemos tratado de asegurarnos placeres espirituales obrando sobre las emociones carnales y provocando sentimientos sintéticos por medios enteramente carnales. Y el efecto total ha sido funesto. En un notable sermón sobre "The True Way of Attaining Divine Knowledge" ("La verdadera manera de alcanzar el conocimiento divino"), John Smith declara la verdad que estoy tratando de presentar aquí:

Si realmente fuera a definir la divinidad más bien debería llamarla *vida* divina que ciencia divina; es algo que más bien debe comprenderse por una percepción espiritual, que por una *descripción verbal*...La divinidad es en realidad un verdadero *eflujo* de la Luz eterna, que como los rayos solares, no solo ilumina sino que *calienta* y *anima*...No debemos pensar que hemos alcanzado el correcto conocimiento de la verdad, cuando atravesamos la cáscara exterior de las palabras y frases que la contienen...Hay un conocimiento de la Verdad como está en Jesús, como está en una naturaleza semejante a Cristo, como está en ese dulce, manso, humilde y amoroso Espíritu de Jesús que se extiende como el sol de la mañana sobre las almas de los hombres buenos, llenos de vida y luz. Poco aprovecha conocer a Cristo mismo según la carne; pero Él da su Espíritu a los hombres buenos que buscan las cosas profundas de Dios. Hay una belleza interior, vida y amor en la Verdad divina, que solo puede ser conocida cuando se asimila en la vida y en la práctica.

Este antiguo teólogo afirmaba que era absolutamente necesaria una vida pura para cualquier verdadera comprensión de la verdad espiritual.

Hay una dulzura y una delicia interiores en la verdad divina, que ninguna mente sensual puede gustar o disfrutar: es ese hombre "natural" que no saborea las cosas de Dios... La divinidad no es percibida tanto por una inteligencia aguda como por un sentido purificado.

Mil doscientos años antes de que se pronunciaran estas palabras Atanasio había escrito un profundo tratado llamado *La encarnación de la Palabra de Dios*. En este tratado él acometió valientemente los difíciles problemas inherentes a la doctrina de la encarnación. Todo eso es una notable demostración de razón pura enlazada con la revelación divina. Presentó poderosos argumentos sobre la deidad de Cristo y, para todos los que creemos en la Biblia, resolvió el tema para siempre. Sin embargo, él confiaba tan poco en la mente humana para comprender los misterios divinos que concluyó su gran obra con una fuerte advertencia contra una

mera comprensión intelectual de la verdad espiritual.
Sus palabras deberían imprimirse en grandes letras y
añadirse al escritorio de todo pastor y estudiante de
teología del mundo:

> Pero para el estudio de las Escrituras y para el
> verdadero conocimiento de ellas, se requiere una
> vida honorable, un alma pura, y esa virtud acor-
> de a Cristo; de modo que el intelecto orientando
> su camino por eso pueda ser capaz de alcanzar lo
> que desea, y comprenderlo, y en lo que sea acce-
> sible a la naturaleza humana, aprender lo concer-
> niente a la Palabra de Dios. Puesto que sin una
> mente pura y sin inspirarse en la vida de los san-
> tos, un hombre no podría posiblemente compren-
> der las palabras de los santos... Aquel que quiera
> comprender la mente de quienes hablan de Dios
> necesita comenzar por limpiar y purificar su alma.

Los antiguos creyentes judíos de los tiempos precris-
tianos que nos dejaron los libros (poco conocidos por
los modernos protestantes) de Sabiduría de Salomón y
Eclesiástico, creían que era imposible que un corazón
impuro conozca la verdad divina.

En efecto, en alma fraudulenta no entra la sabiduría, no habita en cuerpo sometido al pecado; pues
el Espíritu Santo que nos educa huye del engaño,

se aleja de los pensamientos necios y se ve rechazado al sobrevenir la iniquidad (Libro de la sabiduría 1:4–5, BJ).

Estos libros, junto con nuestro conocido libro de
Proverbios, enseñan que el verdadero conocimiento espiritual es el resultado de la visitación de la sabiduría celestial, una especie de bautismo del Espíritu
de Verdad que viene a los hombres temerosos de Dios.
Esta sabiduría se asocia siempre con la justicia y la
humildad y nunca se halla separada de la piedad y la
genuina santidad de vida.

Los cristianos conservadores de este tiempo están
tropezando con esta verdad. Debemos reexaminarlo
todo por completo. Debemos aprender que la verdad
no consiste en la doctrina correcta, sino en la doctrina
correcta *más la iluminación interior del Espíritu Santo.*
Debemos declarar nuevamente el misterio de la sabiduría de lo alto. Volver a predicar esta verdad vital podría
dar como resultado un nuevo soplo de Dios sobre una
ortodoxia rancia y sofocante.

CAPÍTULO 7

El Espíritu como poder

Pero recibiréis poder, cuando haya venido sobre
vosotros el Espíritu Santo (Hechos 1:8).

ALGUNOS CRISTIANOS HAN malinterpretado este texto y supuesto que Cristo les dijo a sus discípulos que iban a recibir el Espíritu Santo *y* el poder: el poder vendría después de la venida del Espíritu. Una lectura superficial del texto de Reina Valera posiblemente podría conducir a esa conclusión, pero la verdad es que Cristo no enseñó la venida del Espíritu Santo *como* poder; el poder y el Espíritu son lo mismo.

Nuestra lengua materna es un instrumento hermoso y simple, pero también puede ser complicado y engañoso, y por esta razón debe usarse con cuidado si queremos evitar dar o recibir impresiones equivocadas por ese medio. Esto es especialmente cierto cuando hablamos de Dios, pues al ser Dios completamente diferente de todo y todos en su universo, nuestros propios pensamientos acerca de Él, así como nuestras palabras, están en constante peligro de desviarse. Un ejemplo se halla en las palabras "el poder de Dios". El riesgo es que pensemos en "poder" como algo que pertenece a Dios como la energía muscular pertenece al hombre, como algo que Él *tiene*, que podría estar separado de Él y seguir teniendo existencia en sí. Debemos recordar que los "atributos" de Dios no son partes componentes de la bendita Divinidad ni elementos de los cuales Él está compuesto. Un dios que pudiera estar *compuesto* no sería Dios, sino la obra de algo o alguien superior a él, lo suficientemente superior para componerlo. Tendríamos un dios sintético hecho de partes que llamamos atributos, y el verdadero Dios sería otro ser completamente diferente, uno que en verdad está por encima de todo pensamiento y toda consideración.

La Biblia y la teología cristiana enseñan que Dios es una unidad indivisible, siendo lo que Él es en indivisa unicidad, de quien nada puede ser sacado y a quien nada puede ser añadido. La misericordia, por ejemplo, la inmutabilidad, la eternidad: estos no son sino nombres que hemos dado a algo que Dios ha declarado ser verdadero acerca de sí mismo. Debe entenderse que todas las expresiones "de Dios" de la Biblia significan no lo que Dios tiene, sino *lo que Dios es* en su unidad indivisa e indivisible. Aun la palabra "naturaleza" cuando se aplica a Dios debería entenderse como una acomodación a nuestra humana manera de ver las cosas, y no como una descripción precisa de algo verdadero de la misteriosa Divinidad. Dios ha dicho: "YO SOY EL QUE SOY" (Éxodo 3:14), y solo podemos repetir con reverencia: "Oh Dios, Tú eres". Nuestro Señor antes de su ascensión les dijo a sus discípulos: "Quedaos vosotros en la ciudad de Jerusalén, hasta que seáis investidos de poder desde lo alto" (Lucas 24:49). Esa palabra *hasta* es un término de tiempo; indica un punto en relación al cual todo es antes o después. De modo que la experiencia de esos discípulos podría afirmarse así: hasta ese momento ellos *no habían* recibido el poder; en ese punto ellos sí *recibieron* el poder; después de ese punto ellos *habían* recibido el poder. Tal es el hecho puramente histórico. El poder vino sobre la Iglesia, poder tal como nunca se había manifestado antes en la naturaleza humana (con la única excepción de esa poderosa unción que vino sobre Cristo en las aguas del Jordán). Ese poder, que sigue activo en la Iglesia, la ha capacitado para existir por casi veinte siglos, aunque durante todo ese tiempo ha permanecido como un grupo minoritario sumamente impopular entre las naciones de la humanidad, y siempre ha estado rodeada de enemigos que con gusto habrían acabado con su existencia si hubieran podido. "Recibiréis poder". Con esas palabras nuestro Señor incrementó la expectativa de sus discípulos y les enseñó a esperar con ansias la venida a su naturaleza de una potencia sobrenatural desde una fuente externa a ellos. Iba a ser algo previamente desconocido, pero que vendría de pronto sobre ellos desde otro mundo. Iba a ser nada menos que Dios mismo entrando en ellos con el propósito de reproducir finalmente dentro de ellos la semejanza misma de Dios.

Aquí se halla la línea divisoria que separa al cristianismo de todo el ocultismo y de toda clase de culto oriental, antiguo o moderno. Todos estos están construidos en torno a las mismas ideas, variando solamente en detalles menores, cada uno con su propia peculiar serie de frases y, aparentemente, rivalizando unos con otros en vaguedad y oscuridad. Todos aconsejan: "Póngase en sintonía con el infinito", o "Sintonícese con su potencial oculto", o "Aprenda a pensar de manera creativa". Todo esto puede haber tenido algún valor fugaz como un estímulo psicológico, pero sus resultados no son permanentes ya que a lo sumo pone sus esperanzas en la naturaleza humana caída del hombre y no conoce la invasión de lo alto. Y lo que sea que pueda decirse a su favor, *de ninguna manera es cristianismo*.

El cristianismo da por sentada la ausencia de cualquier autoayuda y ofrece un poder que es nada menos que el poder de Dios. Este poder tiene que venir sobre los hombres impotentes como una delicada, pero irresistible invasión de otro mundo, trayendo una fuerza moral infinitamente superior a la que podría ser suscitada desde el interior. Este poder es suficiente; no es necesaria ninguna ayuda adicional, ninguna fuente de energía espiritual auxiliar, ya que es el Espíritu Santo de Dios que viene donde se halla la debilidad para proveer poder y gracia para satisfacer la necesidad moral.

Expuesto frente a una provisión tan poderosa como esta, se ve que el cristianismo ético (si se me permite el término), no es cristianismo en absoluto. Una pueril copia de los "ideales" de Cristo, ¡un lamentable esfuerzo por cumplir las enseñanzas del Sermón del monte! Esto no es sino un juego de niños religioso y no es la fe de Cristo y del Nuevo Testamento.

"Recibiréis poder". Esto fue y es un singular aflato, una investidura de energía sobrenatural que afecta cada área de la vida del creyente y permanece para siempre con él. No es poder físico, ni siquiera poder mental, aunque puede impactar todo, tanto mental como físicamente en su benéfica operación. También es un poder de otra clase que el que se ve en la naturaleza, en la atracción lunar que crea las mareas o el rayo iracundo que parte al gran roble durante una tormenta. Este poder que viene de Dios opera en otro nivel y afecta cada área de su vasta creación. Esto es poder espiritual. Es la clase de poder que Dios es. Es la capacidad para alcanzar fines espirituales y morales. Su resultado a largo plazo es producir un carácter semejante al de Dios en hombres y mujeres que una vez fueron malos por naturaleza y por elección.

Ahora bien, ¿cómo opera este poder? Realmente es una fuerza sin mediación aplicada directamente al espíritu del hombre por el Espíritu de Dios. El luchador alcanza su fin por la presión de su cuerpo físico sobre el cuerpo de su oponente; el maestro por la presión de las ideas sobre la mente del estudiante; el moralista por la presión del deber sobre la conciencia del discípulo. Así el Espíritu Santo realiza su bendita obra por contacto directo con el espíritu humano.

No sería exacto decir que el Espíritu de Dios se experimenta siempre de un modo directo e inmediato ya que, cuando así lo desea, el Espíritu puede usar otros medios, como Cristo usó saliva para sanar a un ciego. Pero el poder siempre está por encima y más allá de los medios. Aunque el Espíritu puede usar medios apropiados para bendecir a un creyente, Él jamás necesita de ellos, puesto que, a lo sumo, solo son concesiones temporarias hechas por nuestra ignorancia e incredulidad. Donde el poder adecuado está presente casi cualquier medio es suficiente; pero donde el poder está ausente, ni todos los medios del mundo pueden asegurar el fin deseado. El Espíritu de Dios puede usar una canción, un sermón, una buena acción, un texto o el misterio y la majestad de la naturaleza, pero siempre la obra final será realizada por la influencia sobre el corazón humano del Espíritu que reside en su interior.

A la luz de esto, se verá cuán vacío y carente de significado es el servicio de la iglesia promedio hoy en día.

Todos los medios están en evidencia; el único ominoso punto débil es la ausencia del poder del Espíritu. La forma de la devoción está allí, y a menudo la forma es perfeccionada hasta ser un triunfo estético. La música y la poesía, el arte y la oratoria, la vestimenta simbólica y los tonos solemnes se combinan para cautivar la mente del adorador, pero demasiado a menudo el soplo sobrenatural no está allí. El poder de lo alto no es conocido ni deseado por el pastor ni por el pueblo. Esto no es sino trágico, y tanto más debido a que se refiere al ámbito de la religión, donde están implicados los destinos eternos de los hombres.

La ausencia del Espíritu se puede rastrear por esa vaga sensación de irrealidad que casi en todas partes reviste a la religión en nuestros tiempos. En el servicio de la iglesia promedio lo más real es la imprecisa irrealidad de todo. El adorador se sienta en un estado de pensamiento suspendido; una especie de distraída insensibilidad se desliza sobre él, oye palabras pero no las registra, no puede relacionarlas con nada de su propio nivel de vida. Él es consciente de haber entrado en una especie de mundo a medias; su mente se rinde a un estado de ánimo más o menos placentero que pasa con la bendición, sin dejar rastros. Eso no afecta en nada su vida cotidiana. Él se da cuenta de que no hay poder, ni presencia, ni realidad espiritual. En su experiencia simplemente no hay nada que se relacione con las cosas que oye desde el púlpito o que canta en los himnos.

Un significado de la palabra "poder" es "capacidad para hacer". Allí precisamente está la maravilla de la obra del Espíritu en la Iglesia y en los corazones de los cristianos: su certera capacidad de hacer reales para el alma las cosas espirituales. Este poder puede ir directamente a su objetivo con penetrante inmediatez; puede difundirse a través de la mente como una esencia volátil infinitamente delicada consiguiendo fines por encima y más allá de los límites del intelecto. La cuestión es la realidad, la realidad en el cielo y en la tierra. No crea objetos que no estén allí, sino que revela objetos que ya están presentes y ocultos para el alma. En la experiencia humana real es probable que esto se sienta primero como una elevada percepción de la presencia de Cristo. Se percibe que Él es una Persona real y que está íntima y cautivadoramente cerca. Después, todos los otros objetos espirituales comienzan a manifestarse con claridad a la mente. La gracia, el perdón, la purificación, adquieren una casi contundente nitidez. La oración pierde su calidad de sinsentido y se convierte en una dulce conversación con Alguien que realmente está allí. El amor por Dios y por los hijos de Dios toma posesión del alma. Nos sentimos cerca del cielo y ahora la tierra y el mundo comienzan a parecer irreales. Los conocemos ahora por lo que son: realidades ciertamente, pero como un escenario que está aquí por un tiempo muy breve y que pronto pasará. El mundo venidero se esboza con fuertes rasgos ante nuestras mentes y comienza a invitar nuestro interés y nuestra devoción. Después la vida entera cambia para adecuarse a la nueva realidad y el cambio es permanente. Puede haber leves fluctuaciones como el subir y bajar de la línea en un gráfico, pero la dirección establecida es ascendente y lo obtenido se mantiene. Esto no es todo, pero dará una razonable idea de lo que significa cuando el Nuevo Testamento habla del *poder*, y tal vez por contraste podamos aprender cuán poco poder disfrutamos.

Creo que no puede caber duda de que en este momento la necesidad de la Iglesia de Dios que supera a todas las demás necesidades es el poder del Espíritu Santo. Más educación, mejor organización, equipamiento más fino, métodos más avanzados: todo es infructuoso. Es como traer un respirador mejor después que el paciente murió. Aunque son muy buenas todas esas cosas, nunca pueden dar vida. "El espíritu es el que da vida" (Juan 6:63). Aunque son muy buenas todas esas cosas, nunca pueden dar poder. "De Dios es el poder" (Salmo 62:11). El protestantismo está en un camino equivocado cuando intenta ganar meramente por medio de un "frente unido". No es la unidad organizacional lo que más necesitamos; la gran necesidad es el poder. Las lápidas del cementerio presentan un frente unido, pero se yerguen mudas e impotentes mientras el mundo pasa.

Supongo que mi sugerencia no recibirá mucha atención seria, pero me gustaría sugerir que los cristianos que creemos en la Biblia anunciemos una moratoria de la actividad religiosa y pongamos nuestra casa en orden preparándonos para el soplo que vendrá de lo alto. Tan carnal es el grupo de cristianos que compone la sección conservadora de la Iglesia, tan terriblemente irreverentes son nuestros servicios públicos en algunos sectores, tan degradados están nuestros gustos religiosos en complacer a otros que la necesidad de poder difícilmente pueda haber sido mayor en otro momento de la historia. Creo que nos beneficiaríamos inmensamente si declaráramos un período de silencio y autoexaminación durante el cual cada uno de nosotros escudriñara su propio corazón y buscara reunir todas las condiciones para un verdadero bautismo de poder de lo alto.

Podemos estar seguros de una cosa, que para nuestro grave problema no existe cura excepto una visitación, sí, una *invasión* de poder de lo alto. Solo el propio Espíritu puede mostrarnos lo que está mal en nosotros, y solamente el Espíritu puede prescribir la cura. Solamente el Espíritu puede salvarnos de la adormecedora irrealidad del cristianismo sin Espíritu. Solamente el Espíritu puede mostrarnos al Padre y al Hijo. Solamente la obra interna del poder del Espíritu puede develarnos la solemne majestad y el misterio del Trino Dios que cautiva el corazón.

CAPÍTULO 8

El Espíritu Santo como fuego

Y se les aparecieron lenguas repartidas,
como de fuego, asentándose sobre
cada uno de ellos (Hechos 2:3).

L A TEOLOGÍA CRISTIANA enseña que Dios en su naturaleza esencial es tanto inescrutable como inefable. Esto, en una simple definición, significa que no es posible que Él sea investigado ni entendido, y que Él no puede comunicar o decir más completamente lo que Él es. Esta incapacidad no radica en Dios sino en las limitaciones de nuestra condición de criaturas. "¿Por qué preguntas mi Nombre si ves que es oculto?" (Jueces 13:18, BTX). Solamente Dios conoce a Dios en el significado concluyente de la palabra "conocer". "Así tampoco nadie conoció las cosas de Dios, sino el Espíritu de Dios" (1 Corintios 2:11).

Para el cristiano promedio de hoy en día esto puede sonar extraño, o aun absolutamente confuso, ya que el carácter del pensamiento religioso de nuestros tiempos es definitivamente no teológico. Podemos vivir una vida entera y morir sin que nuestra mente haya sido desafiada ni una vez por el dulce misterio de la Divinidad, si dependemos de que las iglesias presenten el desafío. Están, en general, demasiado ocupadas jugando con sombras y logrando "adaptarse" a una y a otra cosa como para pasar mucho tiempo pensando en Dios. Podría ser bueno, por lo tanto, considerar por un momento más la inescrutabilidad divina.

Dios es singular en su ser esencial, en el único sentido que tiene esa palabra. Es decir, no hay nada concebido por la mente porque Él es "completamente otro" que cualquier cosa que hayamos experimentado antes. La mente no tiene material con el cual comenzar. Ningún hombre ha considerado siquiera un pensamiento que pueda decirse que describe a Dios de alguna manera, excepto en el más vago y más imperfecto de los sentidos. Donde Dios es conocido de algún modo, debe ser de otra manera que por nuestra razón de criatura.

Novaciano, en un famoso tratado sobre la Trinidad escrito alrededor de mediados del siglo tercero, dice:

En todas nuestras meditaciones sobre las cualidades de los atributos y contenido de Dios, vamos más allá de nuestra capacidad de concebir adecuadamente, y no puede la humana elocuencia expresar un poder acorde con su grandeza. Ante la contemplación y la manifestación de su majestad, toda elocuencia enmudece por completo, todo esfuerzo mental es débil. Pues Dios es mayor que la mente misma. Su grandeza no puede ser concebida. Más aun, si pudiéramos concebir su grandeza, Él sería menos que la mente humana que podría dar forma a la concepción. Él es mayor que todo lenguaje, y ninguna afirmación puede expresarlo. Él sería menos que el habla humana, que podría por tal afirmación comprender y reunir todo lo que Él es. Hasta un cierto punto, por supuesto, podemos tener una experiencia de Él, sin lenguaje, pero ningún hombre puede expresar con palabras todo lo que Él es en sí mismo. Suponga, por ejemplo, que uno habla de Él como luz; esto es una explicación de parte de su creación, no de sí mismo. Eso no expresa lo que Él es. O suponga que uno habla de Él como poder. Esto también expresa en palabras su atributo de fuerza más bien que su ser. O suponga que uno habla de Él como majestad. Nuevamente, tenemos una declaración del honor que le corresponde, en vez de Él mismo...Para resumir el tema en una sola expresión: toda afirmación posible que puede realizarse acerca de Dios expresa alguna posesión o virtud de Dios, en vez de a Dios mismo. ¿Qué palabras o qué pensamientos son dignos de Él, que sobrepasa todo lenguaje y todo pensamiento? La concepción de Dios como Él es solo puede captarse de una manera, y aun esa, es imposible para nosotros, más allá de nuestra captación y entendimiento; pensando en Él como un ser cuyos atributos y cuya grandeza están más allá de nuestra capacidad de comprensión, o incluso de pensar.

Puesto que Dios no puede decirnos *lo que Él es*, con frecuencia nos dice *a qué se asemeja*. Por medio de estas figuras "semejantes" Él guía nuestras mentes titubeantes tan cerca como pueden acercarse a esa "luz inaccesible; a quien ninguno de los hombres ha visto ni puede ver".[a] Por el más incómodo medio del intelecto el alma se prepara para el momento en que pueda, por la operación del Espíritu Santo, conocer a Dios como Él es en sí mismo. Dios ha usado numerosas similitudes para dar a entender su ser incomprensible, y a juzgar por las Escrituras uno deduce que *su similitud favorita es el fuego*. En un lugar el Espíritu dice expresamente: "Porque nuestro Dios es fuego consumidor" (Hebreos 12:29). Esto concuerda con la revelación de sí mismo como se registra a lo largo de toda la Biblia. Como fuego, Él habló a Moisés desde una zarza ardiente; Él moró en el fuego sobre el campamento de Israel en todo el trayecto del desierto; como fuego

Él moraba entre las alas de los querubines en el Lugar Santísimo; a Ezequiel Él se reveló como un extraño resplandor de "un fuego envolvente" (Ezequiel 1:4).

Y vi apariencia como de bronce refulgente, como apariencia de fuego dentro de ella en derredor, desde el aspecto de sus lomos para arriba; y desde sus lomos para abajo, vi que parecía como fuego, y que tenía resplandor alrededor. Como parece el arco iris que está en las nubes el día que llueve, así era el parecer del resplandor alrededor. Esta fue la visión de la semejanza de la gloria de Jehová. Y cuando yo la vi, me postré sobre mi rostro, y oí la voz de uno que hablaba (Ezequiel 1:27–28).

Con la venida del Espíritu Santo en Pentecostés se continuó con las mismas imágenes. "Y se les aparecieron lenguas repartidas, como de fuego, asentándose sobre cada uno de ellos" (Hechos 2:3). Eso que vino sobre los discípulos en ese aposento alto fue nada menos que Dios mismo. A sus ojos mortales Él aparecía como fuego, ¿y no podemos concluir con certeza que esos creyentes instruidos en la Escritura supieron de inmediato lo que eso significaba? El Dios que se les había aparecido como fuego a través de toda su larga historia ahora estaba morando en ellos como fuego. Él se había mudado de lo exterior al interior de sus vidas. La *Shejiná* que una vez resplandeció sobre el propiciatorio ahora resplandecía en sus frentes como un emblema externo del fuego que había invadido la naturaleza de ellos. Esto era la Deidad brindándose a sí misma a hombres rescatados por precio. La llama era el sello de una nueva unión. Ahora eran hombres y mujeres del Fuego.

Aquí tenemos todo el mensaje final del Nuevo Testamento. Por medio de la expiación por la sangre de Jesús los pecadores pueden ahora volverse uno con Dios. ¡La Deidad morando dentro de los hombres! Eso es cristianismo en su más completa realización, y aun esas glorias mayores del mundo venidero en esencia no serán sino una experiencia mayor y más perfecta de la unión del alma con Dios.

¡La Deidad morando dentro de los hombres! Eso es, digo, el cristianismo, y ningún hombre ha experimentado cabalmente el poder de la fe cristiana hasta que ha conocido esto por sí mismo como una realidad viviente. Todo lo demás es preludio de esto. La encarnación, la expiación, la justificación, la regeneración: ¿qué son estas sino acciones de Dios previas a la obra de invadir y al acto de morar dentro del alma humana redimida? El hombre, quien salió del corazón de Dios por el pecado, ahora vuelve al corazón de Dios por la redención. Dios, quien salió del corazón del hombre por causa del pecado, ahora entra nuevamente a su antigua morada para expulsar a sus enemigos y volver a hacer glorioso el estrado de sus pies.

Ese fuego visible en el día de Pentecostés tuvo para la Iglesia un significado profundo y tierno, pues dijo a todas las edades que aquellos sobre cuyas cabezas se posaba eran hombres y mujeres apartados; eran "criaturas del fuego" (vea Ezequiel 1:13) tan ciertamente como lo eran aquellos a quienes vio Ezequiel en su visión junto al río Quebar. La marca del fuego fue la señal de la divinidad; los que la recibieron fueron para siempre personas peculiares, hijos e hijas de la Llama.

Uno de los más contundentes golpes que el enemigo ha dado a la vida de la Iglesia fue generar en ella temor del Espíritu Santo. Nadie que se mezcle con los cristianos en estos tiempos negará que tal temor existe. Hay pocos que sin restricción abrirán completamente su corazón al bendito Consolador. Él ha sido y es tan comúnmente malentendido que la mención misma de su nombre en algunos círculos es suficiente para que surja en la gente una resistencia por temor. El origen de este temor irracional puede rastrearse fácilmente, pero sería una labor infructuosa hacerlo aquí. Baste decir que el temor es infundado. Tal vez podamos destruir su poder sobre nosotros si examinamos ese fuego que es el símbolo de la Persona y de la presencia del Espíritu.

El Espíritu Santo es ante todo una *llama moral*. No es un accidente de lenguaje que a Él se lo llame el Espíritu *Santo*, pues lo que sea que la palabra *santo* signifique indudablemente lleva consigo la idea de pureza moral. Y el Espíritu, siendo Dios, debe ser absoluta e infinitamente puro. Con Él no hay (como con los hombres) grados y niveles de santidad. Él es la santidad misma, la suma y la esencia de todo lo que es inefablemente puro.

Ninguno cuyos sentidos han sido ejercitados para conocer el bien y el mal puede sino apenarse al ver almas celosas que buscan ser llenas con el poder del Espíritu Santo mientras todavía viven en un estado moral descuidado o limítrofe con el pecado. Tal cosa es una contradicción moral. Quienquiera que desee ser lleno del Espíritu y que more en él, debería primero evaluar su vida por cualquier iniquidad oculta; debería expulsar de su corazón con valentía todo lo que no esté de acuerdo al carácter de Dios como es revelado por las Sagradas Escrituras.

En la base de toda verdadera experiencia cristiana debe hallarse una sólida y prudente moralidad. Ningún gozo es válido, ni ningún deleite es legítimo donde se permite al pecado perdurar en la vida o la conducta. Ninguna transgresión de la rectitud pura osa excusarse con motivo de una experiencia religiosa superior. Buscar elevados estados emocionales mientras se vive en pecado es exponer la vida entera al autoengaño y al juicio de Dios. "Sed santos" no es un mero lema para ser enmarcado y colgado en la pared. Es un importante mandamiento del Señor de toda la tierra.

Acercaos a Dios, y él se acercará a vosotros. Pecadores, limpiad las manos; y vosotros los de doble
ánimo, purificad vuestros corazones. Afligíos, y
lamentad, y llorad. Vuestra risa se convierta en llo-
ro, y vuestro gozo en tristeza (Santiago 4:8–9).

El verdadero ideal cristiano no es ser feliz sino ser
santo. Solamente el corazón santo puede ser la habitación del Espíritu Santo.

El Espíritu Santo es además una *llama espiritual*.
Solo Él puede elevar nuestra adoración a verdaderos
niveles espirituales. Pues podríamos saber también de
una vez por todas que la moralidad y la ética, aunque
nobles, no son cristianismo. La fe de Cristo se compro-
mete a elevar el alma a una verdadera comunión con
Dios, a introducir en nuestras experiencias religiosas
un elemento suprarracional, tan por encima de la mera
bondad como los cielos están por encima de la tierra.
La venida del Espíritu Santo trajo al libro de Hechos
esta misma cualidad de supramundanalidad, este misteriosa elevación del tono que no se halla en tal alta
intensidad ni siquiera en los Evangelios. La clave del
libro de los Hechos es definitivamente la mayor. No
hay en él rastros de tristeza de las criaturas, ni des-
ilusión prolongada, ni temblor de incertidumbre. La
atmósfera es celestial. Allí se encuentra un espíritu vic-
torioso, un espíritu que jamás podría ser el resultado

de la mera creencia religiosa. El gozo de los primeros cristianos no era el gozo del lógico obrar de los hechos. Ellos no razonaban: "Cristo resucitó de los muertos; por lo tanto debemos estar alegres". Su alegría era un gran milagro, tan grande como la resurrección misma; en verdad, estas estaban y están relacionadas orgánicamente. La dicha moral del Creador había hecho residencia en su pecho de criaturas redimidas y no podían sino estar alegres.

La llama del Espíritu también es *intelectual*. La razón, dicen los teólogos, es uno de los atributos divinos. Es necesario que no haya incompatibilidad alguna entre las más profundas experiencias del Espíritu y los logros más elevados del intelecto humano. *Solo se requiere que el intelecto cristiano esté completamente rendido a Dios y no hay necesidad de límites para sus actividades* más allá de los impuestos por su propia capacidad y dimensión. Qué frío y mortífero es un intelecto no bendecido. Un cerebro superior sin la esencia salvífica de la piedad puede volverse contra la raza humana y empapar el mundo con sangre, o peor aun, puede lanzar en la tierra ideas que continuarán maldiciendo a la humanidad por siglos después de que ella haya vuelto al polvo. Pero una mente llena del Espíritu es un gozo para Dios y un deleite para todos los hombres de buena voluntad. ¿Qué habría perdido el mundo si hubiera sido privado de la mente llena de amor de un David o un Juan o un Isaac Watts?

Naturalmente rehuimos los superlativos y las comparaciones que exaltan una virtud a expensas de otra, sin embargo, me pregunto si hay en la tierra algo tan exquisitamente bello como una mente brillante que resplandece con el amor de Dios. Una mente tal emite un rayo dulce y sanador que realmente puede ser *sentido* por quienes se acercan a él. La virtud va más lejos que eso y bendice a los que simplemente tocan el borde de su manto. Uno no tiene, por ejemplo, más que leer *El país celestial* de Bernardo de Cluny para comprender lo que quiero decir. Allí, un intelecto sensible y brillante, cálido con el fuego del Espíritu que mora en su interior, escribe con una vasta y tierna compasión acerca de los anhelos de inmortalidad que han morado en lo profundo del pecho humano desde que el primer hombre se arrodilló sobre la tierra de cuyo seno surgió y a cuyo seno debe pronto volver. Por la sublimidad del concepto, por el triunfo absoluto del espíritu cristiano sobre la mortalidad, por la capacidad de dar descanso al alma y elevar la mente a una extasiada adoración, es difícil encontrar en la literatura no inspirada algo que lo iguale. Sostengo como mi respetuosa opinión que este solo himno puede haber ministrado más virtud sanadora a los espíritus afligidos que todos los escritos de poetas y filósofos seculares desde que se inventó el arte de la escritura. Ningún intelecto no bendecido, por innegable que fuere su genialidad, podría ni remotamente ser capaz de producir una obra tal. Uno cierra el libro después de leerlo con el sentir, sí, la solemne convicción, de que ha oído la voz del querubín y el sonido de los arpistas que tañen junto al mar de Dios. Este mismo sentir de casi inspiración se experimenta además en las cartas de Samuel Rutherford, en el *Te Deum*, en muchos de los himnos de Watts y de Wesley, y ocasionalmente en una obra de algunos de los santos menos conocidos cuyos dones limitados pueden haber sido, por un gozoso momento, hechos incandescentes por el fuego del Espíritu que mora en su interior. La plaga del corazón del fariseo de los tiempos antiguos fue la doctrina sin amor. Con las enseñanzas de los fariseos Cristo tuvo poco problema, pero con el espíritu farisaico sostuvo hasta el fin una incesante guerra espiritual. Fue la religión lo que puso a Cristo en la cruz, la religión sin el Espíritu que mora en el interior. Es en vano negar que Cristo fue crucificado por personas que hoy en día serían llamadas fundamentalistas. Esto debería resultar muy inquietante sino totalmente penoso para nosotros que nos enorgullecemos de nuestra ortodoxia. Un alma no bendecida llena de la letra de la verdad realmente puede ser peor que un pagano que se arrodilla ante un fetiche. Solamente estamos a salvo cuando el amor de Dios es derramado en nuestros corazones por el Espíritu Santo, solo cuando nuestro intelecto está habitado por el tierno Fuego que vino en Pentecostés. Porque el Espíritu Santo no es un lujo, ni algo añadido de vez en cuando para producir un tipo de cristiano de lujo una vez en una generación. No, Él es para todo hijo de Dios una necesidad vital, y Aquel que llena y que mora en su pueblo es más que una lánguida esperanza. Es más bien un imperativo ineludible.

El Espíritu es además una *llama volitiva*. Aquí como en todas partes la imagen es inadecuada para expresar toda la verdad, y a menos que se tomen recaudos podemos fácilmente dar una impresión equivocada al usarla. El fuego tal como lo vemos y conocemos cada día es una *cosa*, no una persona, y por esa razón no tiene voluntad propia. Pero el Espíritu Santo es una Persona, y posee esos atributos de la personalidad, uno de los cuales es la volición. Él, al entrar en el alma humana, no anula sus atributos, ni los entrega, en parte o completamente, al alma en la cual entra. Recuerde, el Espíritu Santo es el Señor. "Porque el Señor es el Espíritu", dijo Pablo a los Corintios (2 Corintios 3:17). El Credo Niceno dice: "Y creo en el Espíritu Santo, Señor y Dador de vida",[b] y el Credo de Atanasio declara: "Asimismo, el Padre es Señor, el Hijo es Señor, el Espíritu Santo es Señor. Sin embargo, no son tres señores, sino un solo Señor".[c] Cualquiera sea el problema que eso pueda presentar al entendimiento, nuestra fe debe aceptarlo y hacerlo parte de toda nuestra creencia acerca de Dios y del Espíritu. Ahora, demás está decir que el soberano Señor nunca abandonará las prerrogativas de su divinidad. Dondequiera que Él esté, debe seguir actuando como Él mismo. Cuando entra al corazón humano Él será allí lo que siempre ha sido: Señor por derecho propio.

La grave enfermedad del corazón humano es una voluntad que se desprendió de su centro, como un planeta que ha dejado su sol central y comenzó a girar en torno a un cuerpo extraño del espacio exterior que pudo haberse acercado lo suficiente como para atraerlo hacia sí. Cuado Satanás dijo: "Yo haré", se desprendió de su centro normal, y la enfermedad con la que ha infectado a la raza humana es la enfermedad de la desobediencia y la rebelión. Todo plan de redención adecuado debe tener en cuenta esta rebelión y debe tomar el control para restaurar nuevamente la voluntad humana a su lugar apropiado en la voluntad de Dios. De acuerdo con esta subyacente necesidad de sanar la voluntad, el Espíritu Santo, cuando efectúa su misericordiosa invasión del corazón del creyente, debe ganar ese corazón para la obediencia alegre y voluntaria a toda la voluntad de Dios. La cura debe ser aplicada desde adentro; no servirá ninguna conformidad externa. Hasta que la voluntad es sanada el hombre sigue siendo un rebelde así como un forajido sigue siendo un forajido de corazón aunque pueda estar mostrando una obediencia a regañadientes al alcalde que lo está llevando a la cárcel.

El Espíritu Santo logra esa cura interna al fusionar la voluntad del hombre redimido con la suya propia. Esto no se logra de golpe. Debe haber, es cierto, una especie de completa rendición de la voluntad a Cristo antes de que pueda realizarse cualquier obra de la gracia, pero la completa fusión de cada área de la vida con la vida de Dios en el Espíritu probablemente sea un proceso mucho más prolongado de lo que nosotros, en nuestra impaciencia de criaturas, desearíamos. El alma más adelantada puede ser impactada y apesadumbrarse al descubrir algunas áreas privadas de su vida en las que ha estado actuando, sin saberlo, como señor y propietario de lo que pensó que había entregado a Dios. Es obra del Espíritu que reside en el interior señalar estas discrepancias morales y corregirlas. Él no "quiebra", como suele decirse, la voluntad humana, sino que la invade y la lleva suavemente a una gozosa unión con la voluntad de Dios.

Anhelar la voluntad de Dios es más que dar un consentimiento sin protestar; es, en cambio, elegir la voluntad de Dios con auténtica determinación. Mientras la obra de Dios avanza el cristiano se encuentra libre de elegir lo que desee, y elige con gusto la voluntad de Dios como su bien supremo. Tal hombre ha alcanzado la meta suprema de la vida. Él ha sido situado más allá de las pequeñas desilusiones que asedian al resto de los hombres. Lo que sea que le ocurra, para él es la voluntad de Dios, y eso es lo que desea con la mayor vehemencia. Pero es justo afirmar que esta no es una condición que hayan alcanzado muchos de los atareados cristianos de nuestros ajetreados tiempos. Hasta que no se la alcance, sin embargo, la paz del cristiano no puede ser completa. Debe haber todavía una cierta controversia interna, una sensación de intranquilidad espiritual que perturba nuestro gozo y reduce sumamente nuestro poder.

Otra cualidad del Fuego que mora dentro es la *emoción*. Esto debe entenderse a la luz de lo que se ha dicho antes acerca de la divina inescrutabilidad. Lo que Dios es en su singular esencia no puede ser descubierto por la mente ni expresado por los labios, pero las cualidades de Dios que pueden llamarse racionales, y así ser recibidas por el intelecto, han sido presentadas libremente en las Sagradas Escrituras. Estas no nos dicen lo que Dios es, sino que nos dicen cómo es Dios, y la suma de ellas conforma una imagen mental del ser divino, visto, por así decirlo, como si fuera a lo lejos y a través de un cristal oscuro.

La Biblia ya nos enseña que hay algo en Dios que es como la emoción. Él experimenta algo que es como nuestro amor, algo que es como nuestro dolor, algo que es como nuestro gozo. Y no debemos temer seguir con esta concepción de cómo es Dios. La fe fácilmente llegará a inferir que, puesto que hemos sido hechos a su imagen, Él tendrá cualidades semejantes a las nuestras. Pero tal inferencia, aunque satisfactoria para la mente, no es el motivo de nuestra creencia. *Dios ha dicho ciertas cosas acerca de sí mismo, y estas constituyen toda la razón que necesitamos.*

Jehová está en medio de ti, poderoso, él salvará; se gozará sobre ti con alegría, callará de amor, se regocijará sobre ti con cánticos (Sofonías 3:17).

Este es solo un versículo entre miles que sirven para formar nuestra representación racional de cómo es Dios, y que nos dice claramente que Dios siente algo como nuestro amor, como nuestro gozo, y lo que Él siente lo hace actuar de manera muy semejante a la que nosotros lo haríamos en una situación similar; Él se regocija sobre sus amados con gozo y cánticos. Aquí se halla la emoción en un plano tan sublime como pueda entenderse, emoción que fluye del corazón de Dios mismo. El sentimiento, entonces, no es el degenerado hijo de la incredulidad que suelen pintar algunos de nuestros maestros de la Biblia. Nuestra capacidad de sentir es una de las marcas de nuestro origen divino. No debemos avergonzarnos de nuestras lágrimas ni de nuestra risa. El cristiano estoico que ha aplastado sus sentimientos es solamente dos tercios de un hombre; un importante tercio ha sido repudiado.

El sentimiento santo tuvo un importante lugar en la vida de nuestro Señor. "Por el gozo puesto delante de él" (Hebreos 12:2). Él sufrió la cruz y menospreció el oprobio. Se representó a sí mismo gritando: "Gozaos conmigo, porque he encontrado mi oveja que se había perdido" (Lucas 15:6). En la noche de su agonía Él "cantó el himno"[d] antes de salir hacia el Monte de los

Olivos. Después de su resurrección cantó entre sus hermanos en la gran congregación (vea Salmo 22:22). Y si el Cantar de los Cantares se refiere a Cristo (como creen muchos cristianos), ¿cómo vamos a obviar el sonido de su júbilo cuando Él trae su Novia al hogar después que termina la noche y las sombras han huido?

Una de las mayores calamidades que el pecado ha traído sobre nosotros es la degradación de nuestras emociones normales. Reímos de cosas que no son divertidas; encontramos placer en actos que están por debajo de la dignidad humana; y nos regocijamos en objetos que no deberían tener lugar en nuestros afectos. La objeción a los "placeres pecaminosos", que siempre ha sido característica del verdadero santo, es en el fondo simplemente una protesta contra la degradación de nuestras emociones humanas. Que el apostar, por ejemplo, sea permitido para cautivar los intereses de hombres hechos a la imagen de Dios ha parecido una horrible perversión de las facultades nobles; que el alcohol fuera necesario para estimular el sentimiento de placer ha parecido una especie de prostitución; que los hombres se volvieran hacia el teatro hecho por el hombre para divertirse ha parecido una afrenta a Dios que nos puso en medio del universo cargado de una elevada acción dramática. Los placeres artificiales del mundo no son sino evidencia de que la raza humana ha perdido en gran parte su capacidad de disfrutar los

verdaderos placeres de la vida y está forzada a sustituir-
los por entusiasmos falsos y degradantes.

La obra del Espíritu Santo es, entre otras cosas, res-
catar las emociones del hombre redimido, encordar
nuevamente su arpa y volver a abrir los pozos del gozo
sagrado que habían sido tapados por el pecado. Que
Él hace esto es el unánime testimonio de los santos.
Y no es contradictorio con el completo el carácter de
Dios en su creación. El placer puro es parte de la vida;
una parte tan importante que es difícil entender cómo
podría justificarse la vida humana si consistiera en una
existencia infinita carente del sentimiento de placer.

El Espíritu Santo colocará un arpa eólica en la ven-
tana de nuestras almas para que los vientos del cielo
toquen dulces melodías en un acompañamiento musi-
cal a la tarea más humilde que podamos ser llamados a
realizar. El amor espiritual de Cristo tocará una música continua dentro de nuestros corazones y nos capaci-
tará para regocijarnos aun en nuestros pesares.

CAPÍTULO 9

Por qué el mundo no puede recibirlo

El Espíritu de verdad, al cual el mundo no puede recibir, porque no le ve, ni le conoce; pero vosotros le conocéis, porque mora con vosotros, y estará en vosotros (Juan 14:17).

LA FE CRISTIANA, basándose en el Nuevo Testamento, enseña la completa antítesis entre la Iglesia y el mundo. Hemos señalado esto brevemente en un capítulo previo, pero el tema es tan importante para el alma buscadora, que siento que debo profundizarlo más aquí.

No es sino un cliché religioso decir que el problema con nosotros hoy es que hemos tratado de cruzar la brecha entre dos opuestos, el mundo y la Iglesia, y hemos contraído un matrimonio ilícito por lo cual carece de autoridad bíblica. En realidad, no es posible ninguna verdadera unión entre el mundo y la Iglesia.

Cuando la Iglesia se une con el mundo, no sigue siendo la verdadera Iglesia sino un lamentable híbrido, un objeto de sonriente desprecio para el mundo y una abominación para el Señor.

El crepúsculo en el cual muchos creyentes (¿o debería decir la *mayoría*?) caminan hoy no es causado por ninguna vaguedad de parte de la Biblia. Nada puede ser más claro que los pronunciamientos de las Escrituras sobre la relación del cristiano con el mundo. La confusión en torno a este asunto resulta de la falta de voluntad de quienes profesan ser cristianos en tomar seriamente la Palabra del Señor. La cristiandad está tan enredada con el mundo que millones de ellos nunca advierten cuán radicalmente han perdido los patrones del Nuevo Testamento. Se transige en todas partes. El mundo es blanqueado lo bastamte para pasar la inspección de hombres ciegos que aparentan ser creyentes, y esos mismos creyentes están siempre buscando ganar la aceptación del mundo. Mediante mutuas concesiones, hombres que se llaman a sí mismos cristianos maniobran para llevarse bien con hombres que no tienen por las cosas de Dios más que un oculto menosprecio.

Todo ello es espiritual en su esencia. Un cristiano es lo que es no por manipulación eclesiástica sino por el nuevo nacimiento. Es un cristiano por causa de un Espíritu que mora en él. Solo lo que es nacido del Espíritu es espíritu. La carne nunca puede ser convertida en espíritu, no importa cuántos dignatarios de la iglesia traten de hacerlo. La confirmación, el bautismo, la santa comunión, la confesión de fe: ninguna de esas cosas ni todas ellas juntas pueden volver la carne en espíritu ni hacer de un hijo de Adán un hijo de Dios. "Y por cuanto sois hijos", escribió Pablo a los Gálatas, "Dios envió a vuestros corazones el Espíritu de su Hijo, el cual clama: ¡Abba, Padre!" (Gálatas 4:6). Y a los Corintios les escribió:

Examinaos a vosotros mismos si estáis en la fe; probaos a vosotros mismos. ¿O no os conocéis a vosotros mismos, que Jesucristo está en vosotros, a menos que estéis reprobados? (2 Corintios 13:5).

Y a los Romanos:

Mas vosotros no vivís según la carne, sino según el Espíritu, si es que el Espíritu de Dios mora en vosotros. Y si alguno no tiene el Espíritu de Cristo, no es de él (Romanos 8:9).

Esa terrible zona de confusión tan evidente en toda la vida de la comunidad cristiana podría ser clarificada en un día si los seguidores de Cristo comenzaran a seguir a Cristo en vez de hacerlo unos a otros. Porque nuestro Señor fue muy claro en su enseñanza acerca del cristiano y el mundo.

En una ocasión, después de recibir un carnal consejo no solicitado de hermanos sinceros pero carentes de luz, nuestro Señor replicó:

Mi tiempo aún no ha llegado, mas vuestro tiempo siempre está presto. No puede el mundo aborreceros a vosotros; mas a mí me aborrece, porque yo testifico de él, que sus obras son malas (Juan 7:6–7).

Él identificó a sus hermanos carnales con el mundo y dijo que ellos y Él eran de dos espíritus diferentes. El mundo lo odiaba a Él, pero no podía odiarlos a ellos porque no podía odiarse a sí mismo. Una casa dividida contra sí misma no puede permanecer. La casa de Adán debe continuar siendo leal a sí misma o será echada abajo. Aunque los hijos de la carne puedan pelear entre ellos, en el fondo son uno con los otros. Es cuando el Espíritu de Dios viene, que un elemento extraño ha entrado. El Señor dijo a sus discípulos:

Si el mundo os aborrece, sabed que a mí me ha aborrecido antes que a vosotros. Si fuerais del mundo, el mundo amaría lo suyo; pero porque no sois del mundo, antes yo os elegí del mundo, por eso el mundo os aborrece (Juan 15:18–19).

Pablo les explicó a los Gálatas la diferencia entre el hijo esclavo y el libre: "Pero como entonces el que había nacido según la carne perseguía al que había nacido según el Espíritu, así también ahora" (Gálatas 4:29).

Así, a través de todo el Nuevo Testamento, está trazada una nítida línea entre la Iglesia y el mundo. No hay medias tintas. El Señor no reconoce ningún "acuerdo de estar en desacuerdo" de modo que los seguidores del Cordero puedan adoptar las maneras del mundo y caminar por los caminos del mundo. El abismo entre el verdadero cristiano y el mundo es tan grande como el que separaba al hombre rico y Lázaro. Y además es el mismo abismo, esto es, el abismo que divide el mundo de los redimidos del mundo de los hombres caídos.

Conozco bien y siento profundamente cuán ofensivas pueden ser tales enseñanzas para el gran rebaño de mundanos que deambulan alrededor del redil. No puedo esperar escapar del cargo de fanatismo e intolerancia que indudablemente será lanzado contra mí por los confusos *religionistas* que buscan hacer sus propias ovejas por asociación. Pero debemos afrontar la dura verdad de que los hombres no se hacen cristianos por asociarse con gente de la iglesia, ni por contacto religioso, ni por educación religiosa; se hacen cristianos solo por la invasión de su naturaleza por el Espíritu de Dios en el nuevo nacimiento. Y cuando ellos se hacen por consiguiente cristianos son inmediatamente miembros de una nueva raza:

Mas vosotros sois linaje escogido, real sacerdocio, nación santa, pueblo adquirido por Dios, para que anunciéis las virtudes de aquel que os llamó de las tinieblas a su luz admirable; vosotros que en otro tiempo no erais pueblo, pero que ahora sois pueblo de Dios; que en otro tiempo no habíais alcanzado misericordia, pero ahora habéis alcanzado misericordia (1 Pedro 2:9–10).

Los versículos que han sido citados aquí no quise insertarlos fuera de contexto ni enfocar la atención en un lado de la verdad para alejar de otro. La enseñanza de esos pasajes es completamente una con la verdad de todo el Nuevo Testamento. Es como si tomáramos una copa de agua del mar. Lo que tomamos no sería toda el agua del océano, pero sería un verdadero ejemplo y estaría perfectamente de acuerdo con el resto.

La dificultad que enfrentamos los cristianos modernos no es malinterpretar la Biblia, sino persuadir a nuestros indómitos corazones de aceptar sus claras instrucciones. Nuestro problema es obtener el consentimiento de nuestras mentes amantes del mundo para hacer Señor a Jesús tanto de hecho como de palabra. Porque una cosa es decir "Señor, Señor", y otra distinta obedecer los mandamientos del Señor. Podemos cantar "Lo coronamos Señor de todo", y regocijarnos en los sonoros tonos del órgano y en la profunda melodía de armoniosas voces, pero seguiremos sin hacer nada hasta que dejemos el mundo y enfoquemos nuestros rostros hacia la ciudad de Dios en una sustanciosa y práctica realidad. Cuando la fe se convierte en obediencia entonces ciertamente es verdadera fe.

El espíritu del mundo es fuerte y se pega a nosotros tanto como el olor del humo a nuestras vestimentas. Puede cambiar su rostro para favorecer cualquier circunstancia y así engañar mucho a un simple cristiano cuyos sentidos no están ejercitados en discernir lo bueno de lo malo. Puede jugar a la religión con apariencia de sinceridad. Puede tener ataques de conciencia (particularmente durante la Cuaresma) y hasta confesar sus malos caminos a la prensa pública. Alabará la religión y adulará a la Iglesia para sus fines. Contribuirá para causas de caridad y promoverá campañas para confeccionar ropa para los pobres. *Pero guardará distancia de Cristo y nunca afirmará que es su Señor.* Es algo que positivamente no resistirá. Y hacia el verdadero Espíritu de Cristo mostrará solamente antagonismo. La prensa del mundo (que es siempre su verdadero portavoz) raramente dará a un hijo de Dios un trato justo. Si los hechos obligan a dar un reporte favorable, el tono será condescendiente e irónico. La nota de desdén suena a través de él.

Tanto los hijos de este mundo como los hijos de Dios han sido bautizados en un espíritu, pero el espíritu del mundo y el Espíritu que mora en los corazones de los hombres nacidos dos veces están tan apartados como el cielo y el infierno. No solo son cada uno el completo opuesto del otro sino que también hay entre ellos un áspero antagonismo. Para un hijo de la tierra las cosas del Espíritu son o ridículas, en cuyo caso lo entretienen o carentes de sentido, en cuyo caso lo aburren.

Pero el hombre natural no percibe las cosas que son del Espíritu de Dios, porque para él son locura, y no las puede entender, porque se han de discernir espiritualmente (1 Corintios 2:14).

En la Primera Epístola de Juan dos palabras son usadas una y otra vez, las palabras *ellos* y *vosotros*, y designan dos mundos completamente diferentes. *Ellos* se refiere a los hombres y mujeres del mundo del Adán caído; *vosotros* se refiere a los elegidos que han dejado todo para seguir a Cristo. El apóstol no se arrodilla ante el pequeño dios Tolerancia (la adoración del cual ha llegado a ser en E.E. U.U. una especie de aspecto secundario de la religión); él es abiertamente intolerante. Él sabe que tolerancia puede ser meramente otro nombre para la indiferencia. Se requiere una fe vigorosa para aceptar la enseñanza del hombre Juan. Es mucho más fácil desdibujar las líneas de separación para no ofender a nadie. Las generalidades piadosas y el uso de *nosotros* para significar tanto cristianos como inconversos es muy seguro. La paternidad de Dios puede ser estirada para incluir a todos desde Jack el Destripador hasta Daniel el Profeta. Entonces nadie se ofende y todos se sienten bastante cómodos y preparados para el cielo. Pero el hombre que apoya su oído sobre el pecho de Jesús no puede ser tan fácilmente engañado. Él traza una línea divisoria para dividir la raza de los hombres en dos campos para separar los salvos de los perdidos, los que resucitarán para la eterna recompensa de los que se hundirán en la final desesperación. De un lado están *ellos* que no conocen a Dios; y del otro *vosotros* (o con un cambio de persona, *nosotros*), y entre los dos hay un abismo moral demasiado ancho para que algún hombre lo cruce.

Este es el camino que Juan establece:

Hijitos, vosotros sois de Dios, y los habéis vencido; porque mayor es el que está en vosotros, que el que está en el mundo. Ellos son del mundo; por eso hablan del mundo, y el mundo los oye. Nosotros somos de Dios; el que conoce a Dios, nos oye; el que no es de Dios, no nos oye. En esto conocemos el espíritu de verdad y el espíritu de error (1 Juan 4:5–6).

Un lenguaje como ese es demasiado claro para confundir a nadie que sinceramente quiera conocer la verdad. Nuestro problema no es por no entender, repito, sino de fe y obediencia. La cuestión no es teológica, ¿Qué nos enseña esto?, sino moral: ¿Estoy dispuesto a aceptar esto y soportar sus consecuencias? ¿Puedo tolerar la mirada fría? ¿Tengo el coraje para mantenerme firme ante el feroz ataque del "liberal"? ¿Me atrevo a invitar el odio de los hombres que deberé afrontar por mi actitud? ¿Tengo la suficiente independencia de mente para desafiar las opiniones de la religión popular e ir solo con un apóstol? O, en resumen, ¿puedo persuadirme a mí mismo a tomar mi cruz con su sangre y su reproche?

El cristiano está llamado a separarse del mundo, pero debemos estar seguros de saber lo que queremos decir (o más importante, lo que Dios quiere decir) por *mundo*. Nosotros probablemente solo le damos el significado de algo externo y entonces se pierde su verdadero significado. El teatro, los naipes, el licor, el juego: eso no es el mundo; no son más que una manifestación externa del mundo. Nuestra guerra no es meramente contra una manifestación externa del mundo. Nuestra guerra no es meramente contra formas mundanales sino contra el *espíritu* del mundo. Pero el hombre, sea salvo o perdido, es esencialmente espíritu. El mundo, en el significado que el Nuevo Testamento da al mundo, es simplemente la naturaleza humana no regenerada donde sea que se encuentre, sea en una taberna o en una iglesia. Lo que fuere que brote de la naturaleza humana caída, o sea edificado sobre ella, o reciba soporte de ella es el mundo, aunque tenga base moral o sea moralmente respetable.

Los antiguos fariseos, a despecho de su celosa devoción a la religión, eran la verdadera esencia del mundo. Los principios espirituales sobre los cuales construyeron su sistema no venían de arriba sino de abajo. Ellos emplearon contra Jesús las tácticas del hombre. Sobornaron hombres para que dijeran mentiras en defensa de la verdad. Para defender a Dios actuaron como demonios. Para sostener la Biblia no respetaron las enseñanzas de la Biblia. Hundieron la religión para salvar la religión. Dieron lugar a un odio ciego en nombre de la religión de amor. Allí vemos el mundo en todos sus resueltos desafíos a Dios. Tan feroz era este espíritu que no descansó hasta llevar a la muerte al Hijo del mismo Dios. El espíritu de los fariseos era activa y maliciosamente hostil al Espíritu de Jesús como cada uno era una suerte de síntesis de los dos mundos desde los cuales venían.

Esos maestros de hoy que ubican el Sermón del Monte en alguna otra dispensación que no es esta y así libran a la Iglesia de sus enseñanzas, poco entienden el daño que hacen. Porque el Sermón del Monte da brevemente las características del reino del hombre renovado. Los benditos pobres que lloran por sus pecados y tienen sed de justicia son verdaderos hijos del reino. Mansamente muestran misericordia a sus enemigos; sin malicia fijan sus ojos en Dios; rodeados por perseguidores ellos bendicen y no maldicen. Modestamente ocultan sus buenas obras. Salen de su camino para ponerse de acuerdo con sus adversarios y perdonan a quienes pecaron contra ellos. Sirven a Dios en secreto en la profundidad de sus corazones y esperan con paciencia su recompensa. Entregan voluntariamente sus bienes terrenales en vez de usar violencia para protegerlos. Ellos hacen tesoros en el cielo. Evitan los elogios y esperan el día del juicio final para aprender quién es el mayor en el reino de los cielos.

Si esta es una idea bastante exacta de las cosas, ¿qué podremos decir cuando hombres cristianos compiten uno con otro por lugar y posición? ¿Qué podemos responder cuando los vemos buscando hambrientamente elogios y honor? ¿Cómo podemos excusar la pasión por publicidad que es tan evidente entre los líderes cristianos? ¿Qué decir de la ambición política en círculos de la Iglesia? ¿Qué acerca de la afiebrada palma que se extiende para recibir más y mejores "ofrendas de amor"? ¿Qué acerca del desvergonzado egoísmo entre cristianos? ¿Cómo podemos explicar la burda adoración del hombre que habitualmente levanta a uno y otro líder popular a la medida de un coloso? ¿Qué decir de los obsequiosos besamanos de quienes pretenden ser predicadores del evangelio a hombres adinerados?

Solo hay una respuesta a esas cuestiones; es simplemente que en esas manifestaciones vemos al mundo y nada más que el mundo. Ninguna apasionada profesión de amor por las "almas" puede cambiar el mal en bien. Esos son los verdaderos pecados que crucificaron a Jesús.

También es verdad que las groseras manifestaciones de la naturaleza humana caída son parte del reino de este mundo. Organizando distracciones con énfasis en placeres superficiales, el gran imperio edifica sobre vicios y hábitos no naturales, abuso irrestricto de los apetitos normales, el mundo artificial llamado "alta sociedad": todo eso es del mundo. Todo ello es parte de lo que es la carne, que construye sobre la carne y debe perecer con la carne. Y de todas esas cosas el cristiano debe huir. A todo eso debe dejarlo atrás y no participar. Contra eso debe pararse tranquila pero firmemente sin transigir y sin temer.

Así, sea que el mundo se presente en sus peores aspectos o en sus formas más sutiles y refinadas, debemos reconocerlo por lo que es y repudiarlo sin rodeos. Nosotros *debemos* hacer esto si vamos a caminar con Dios en nuestra generación como Enoc lo hizo en la suya. Un limpio rompimiento con el mundo es imperativo.

¡Oh almas adúlteras! ¿No sabéis que la amistad del mundo es enemistad contra Dios? Cualquiera, pues, que quiera ser amigo del mundo, se constituye enemigo de Dios (Santiago 4:4).

No améis al mundo, ni las cosas que están en el mundo. Si alguno ama al mundo, el amor del Padre no está en él. Porque todo lo que hay en el mundo, los deseos de la carne, los deseos de los ojos, y la vanagloria de la vida, no proviene del Padre, sino del mundo (1 Juan 2:15–16).

Estas palabras de Dios no están delante de nosotros para nuestra consideración; están ahí para que las obedezcamos y no tenemos derecho a reclamar el título de cristianos a menos que las sigamos.

En cuanto a mí, temo cualquier mover entre cristianos que no conduzca al arrepentimiento y resulte en una clara separación del creyente del mundo. Sospecho de cualquier esfuerzo organizado de avivamiento que es forzado a minimizar los duros términos del reino. No importa cuán atractivo pueda parecer el movimiento, si no está fundado en la justicia y nutrido de humildad no es de Dios. Si explota la carne es un fraude religioso y no debería tener el apoyo de ningún cristiano temeroso de Dios. Solo es del Señor lo que honra al Espíritu y prospera a expensas del ego humano. "…Para que, como está escrito: El que se gloría, gloríese en el Señor" (1 Corintios 1:31).

CAPÍTULO 10

La vida llena del Espíritu

Sed llenos del Espíritu (Efesios 5:18).

Q UE CADA CRISTIANO puede ser y debería ser llenado con el Espíritu Santo difícilmente parece ser un tema de debate entre cristianos. Pero algunos arguyen que el Espíritu Santo no es para los cristianos llanos sino ssolo para ministros y misioneros. Otros sostienen que la medida del Espíritu recibida en la regeneración es idéntica a la que recibieron los discípulos en Pentecostés y cualquier esperanza de llenura adicional después de la conversión simplemente reposa sobre el error. Unos pocos expresarán una lánguida esperanza en que algún día podrán ser llenados, y otros seguirán evitando el tema como algo sobre lo cual conocen demasiado poco y solo les causa dificultades.

Quiero aquí afirmar enérgicamente que es mi feliz creencia que cada cristiano puede tener un copioso derramamiento del Espíritu Santo en una medida que va mucho más allá de la recibida en la conversión, y también puedo decir, mucho más allá de la disfrutada hoy por la masa de creyentes ortodoxos. Es importante que captemos esto correctamente, porque la fe es imposible hasta que las dudas son removidas. Dios no quiere sorprender a un corazón que duda con una efusión del Espíritu Santo, ni quiere llenar a nadie que hace cuestionamientos doctrinales sobre la posibilidad de ser llenado.

Para quitar las dudas y crear una confiada expectativa recomiendo un estudio reverente de la propia Palabra de Dios. Quiero que mi argumentación repose sobre las enseñanzas del Nuevo Testamento. Si un examen cuidadoso y humilde de las palabras de Cristo y sus apóstoles no guían a la convicción de que hoy podemos ser llenados del Espíritu Santo, no veo razón para mirar en otro sitio. Porque poco importa lo que este o aquel maestro religioso haya dicho a favor o en contra de la proposición. Si la doctrina no está tomada de las Escrituras no puede ser sostenida por ningún argumento, y todas las exhortaciones a ser llenado carecen de valor.

No presentaré aquí una argumentación afirmativa. Dejaré que el que pregunta examine la evidencia por sí misma, y si decide que en el Nuevo Testamento no hay garantía para el creyente de que pueda ser llenado con el Espíritu, permitámosle tirar este libro y resolver por sí mismo el problema de leer otros. Lo que digo aquí está dirigido a hombres y mujeres que han superado sus dudas y tienen confianza en que cuando reúnan las condiciones ellos ciertamente podrán ser llenados con el Espíritu Santo.

Antes de poder ser llenado con el Espíritu Santo, *él debe estar seguro de querer serlo.* Y esto debe tomarse seriamente. Muchos cristianos quieren ser llenados, pero su deseo es una especie de vaguedad romántica que difícilmente podría llamarse deseo. Casi no tienen conocimiento de lo que les costará obtenerlo.

Imaginemos que le estamos hablando a un indagador, un entusiasta joven cristiano, digamos, que nos ha buscado para aprender sobre la vida llena del Espíritu. Tan gentilmente como sea posible, considerando la naturaleza intencionada de las preguntas, podríamos probar su alma con algo como lo siguiente: "¿Estás seguro de que quieres ser llenado con el Espíritu Santo quien, aunque es amable y amoroso como Jesús, sin embargo exigirá ser el Señor de tu vida? ¿Estás dispuesto a dejar tu personalidad para ser controlado por otro, aunque ese otro sea el Espíritu de Dios? Si el Espíritu Santo se hace cargo de tu vida esperará de ti obediencia sin cuestionamientos en todo. No te tolerará los pecados de egoísmo, aunque sean permitidos y excusados por la mayoría de los cristianos. Por pecados de egoísmo quiero decir el amor propio, la autocompasión, el buscar lo propio, la autoconfianza, la pretensión de superioridad moral, el autoengrandecimiento, la auto-defensa. Puedes encontrar que el Espíritu se halla en aguda oposición a los caminos fáciles del mundo y de la multitud mezclada dentro de los ámbitos de la religión. Él te celará para tu bien. Él te quitará la dirección de tu vida. Él se reservará el derecho a probarte, a disciplinarte, a castigarte para el bien de tu alma. Él puede quitarte esos placeres fronterizos que otros cristianos disfrutan pero que son para ti una fuente de refinada maldad. Mediante todo esto Él te envolverá en un amor tan vasto, tan poderoso, tan totalmente acogedor, tan asombroso que todas tus pérdidas te parecerán ganancias y tus pequeños dolores te parecerán placeres. Pero la carne gemirá bajo ese yugo y gritará contra él como una carga demasiado pesada de llevar. Y a ti te será permitido gozar el solemne privilegio de sufrir para cumplir 'en mi carne lo que falta de las aflicciones de Cristo por su cuerpo, que es la iglesia' (Colosenses 1:24). Ahora, habiendo visto las condiciones, ¿sigues queriendo estar lleno del Espíritu Santo?".

Si esto les parece riguroso, permítanme recordarles que el camino de la cruz nunca es fácil. El resplandor y *glamour* que acompañan a los movimientos religiosos populares son tan falsos como el brillo de las alas del ángel de las tinieblas cuando por un momento se transforma en un ángel de luz. La timidez espiritual que teme mostrar el verdadero carácter de la cruz no debe ser excusada. A la larga solo puede resultar en decepción y tragedia.

Antes de que podamos ser llenados con el Espíritu *el deseo de ser llenados debe consumirnos completamente.* Debe ser a la vez lo más grande de la vida, tan agudo, tan invasivo que desplace todo lo demás. El grado de llenura en una vida concuerda perfectamente con la intensidad del verdadero deseo. Tenemos tanto de Dios como realmente queremos. Un gran impedimento para la vida llena del Espíritu es la teología de la complacencia, tan ampliamente aceptada hoy entre los cristianos evangélicos. Según esta opinión, un agudo deseo es una evidencia de incredulidad y una prueba de falta de conocimiento de las Escrituras. Una suficiente refutación de esta posición es proporcionada por la propia Palabra de Dios y por el hecho de que aquella siempre fracasa en producir verdadera santidad entre quienes la sostienen.

Entonces dudo de cualquiera que haya recibido ese divino impulso del que aquí nos estamos ocupando que no haya antes *experimentado un periodo de profunda ansiedad y agitación interna.* La satisfacción religiosa es siempre enemiga de la vida espiritual. La biografía de los santos enseña que el camino de la grandeza espiritual atraviesa siempre mucho sufrimiento y dolor interior. La frase "el camino de la cruz", que en ciertos círculos ha venido a denotar algo muy bello, muy gozoso, sigue significando para el verdadero cristiano lo que siempre significó, el camino del rechazo y la pérdida. Nadie ha disfrutado una cruz, así como nadie ha disfrutado una horca.

El cristiano que está buscando cosas mejores y a quien esta consternación lleva a un estado de completa desesperación no debe desalentarse. El desesperar de uno mismo, cuando está acompañado por la fe, es un buen amigo, porque destruye uno de los más poderosos enemigos del corazón y prepara al alma para la ministración del Consolador. Un sentimiento de completo vacío, de decepción y oscuridad puede (si estamos alertas y atentos a lo que está pasando) ser la sombra del valle de sombras que nos guía a los campos fértiles que están más allá de él. Si no comprendemos esto y resistimos esta visitación de Dios podemos perder enteramente todos los beneficios que un bondadoso Padre celestial tiene preparados para nosotros. Si cooperamos con Dios Él apartará de nosotros las comodidades naturales que nos han servido como madre y nodriza por tanto tiempo y nos pondrá donde no podemos recibir ayuda alguna excepto del propio Consolador. Nos quietará esa cosa falsa que los chinos llaman "rostro" y nos mostrará cuán dolorosamente pequeños somos en realidad. Cuando termine con nosotros sabremos lo que nuestro Señor quiso significar cuando dijo "Bienaventurados los pobres en espíritu" (Mateo 5:3).

Esté seguro, sin embargo, de que en esas dolorosas disciplinas no seremos abandonados por nuestro Dios. Él nunca nos deja ni nos abandona, ni se enoja con nosotros ni nos reprocha. Él nunca quiebra su pacto ni altera lo que ha salido de su boca. Él nos guardará como a la niña de su ojo y velará por nosotros como una madre vela por su hijo. Su amor no cesará aun cuando nos esté llevando a través de esa experiencia de autocrucifixión tan real, tan terrible, que solo podemos expresar gritando: "Dios mío, Dios mío, ¿por qué me has desamparado?" (Salmo 22:1; Mateo 27:46; Marcos 15:34).

Ahora veamos nuestra teología respecto a todo esto. No hay en este doloroso despojamiento ningún remoto pensamiento de mérito humano. La "noche oscura del alma" no conoce ni un tenue rayo de la traicionera luz de la pretensión de superioridad moral. No es mediante el sufrimiento que ganaremos la unción que deseamos, ni esta aflicción del alma nos hará más queridos por Dios ni nos dará favor adicional ante sus ojos. El valor de la experiencia de despojamiento consiste en su poder para despegarnos de los intereses pasajeros de la vida y lanzarnos en pos de la eternidad. Sirve para vaciar nuestros vasos terrenales y prepararnos para el derramamiento del Espíritu Santo.

La llenura con el Espíritu, entonces, requiere que entreguemos todo lo nuestro, que nos sometamos a la muerte interior, que libremos nuestros corazones de esa acumulación de siglos de basura adámica y abramos todos nuestros rincones al Huésped celestial.

El Espíritu Santo es una Persona viviente y quiere ser tratado como tal Persona. Nunca debemos pensarlo como una ciega energía ni como una fuerza impersonal. Él oye y ve y siente como lo hace una persona. Él habla y nos escucha hablar. Podemos complacerlo o contristarlo o silenciarlo como podemos hacerlo con cualquier otra persona. Él responderá a nuestros tímidos esfuerzos por conocerlo y se reunirá con nosotros a mitad de camino.

A pesar de lo maravilloso de la experiencia crítica de ser llenado con el Espíritu, deberíamos recordar que es solamente un medio hacia algo mayor; eso mayor es una vida caminado en el Espíritu, con su poderosa Persona morando en nosotros, dirigiéndonos, enseñándonos y dotándonos de autoridad. Y entonces continuar caminando en el Espíritu requiere que reunamos ciertas condiciones. Están establecidas para nosotros en las Sagradas Escrituras y están allí para que todos las veamos.

Caminar llenos del Espíritu demanda, por ejemplo, que vivamos en la Palabra de Dios como un pez vive en el mar. Pero esto no significa meramente que estudiemos la Biblia, ni que tomemos un "curso" de doctrina bíblica. Significa que deberíamos "meditar día y noche" (Salmo 1:2) en la sagrada Palabra, que deberíamos amarla y hacer de ella un festín y digerirla a toda hora del día y de la noche. Aunque los negocios de la vida exigen nuestra atención, por una suerte de bendito reflejo mental, seguimos pudiendo mantener la Palabra de Verdad delante de nuestras mentes.

Así que si queremos complacer al Espíritu que mora en nosotros debemos estar llenos de Cristo. La actual tarea del Espíritu es honrarlo a Él, y cada cosa que hace tiene esto como propósito final. Y debemos hacer de nuestros pensamientos un santuario limpio como su santa morada. Él mora en nuestros pensamientos, y nuestros pensamientos sucios le repugnan tanto como la ropa sucia a un rey. Sobre todo debemos tener una fe alegre y continuar creyendo sin importar cuán radicales puedan ser las fluctuaciones de nuestros estados emocionales.

La vida habitada por el Espíritu no es una edición especial de lujo del cristianismo para ser disfrutada por algunos pocos raros y privilegiados que sean más finos o más sensitivos que el resto. Más bien, es el estado normal para cada hombre y mujer redimidos del mundo. Es:

...el misterio que había estado oculto desde los siglos y edades, pero que ahora ha sido manifestado a sus santos, a quienes Dios quiso dar a conocer las riquezas de la gloria de este misterio entre los gentiles; que es Cristo en vosotros, la esperanza de gloria (Colosenses 1:26–27).

Faber, en uno de sus delicados y reverentes himnos, dirigió estas buenas palabras al Espíritu Santo:

Océano, ancho y fluyente Océano, tú,
De amor increado;
Tiemblo y dentro de mi alma
Tus aguas mover siento.

Tú eres un mar sin orillas,
Asombroso, inmenso eres tú;
Un mar que puede contraerse a sí mismo
En mi pequeño corazón.

Notas

CAPÍTULO 3
EL MISTERIO DEL LLAMADO

1. Swinburne: Poeta inglés (1837–1909) conocido por sus temas libertarios.

CAPÍTULO 5
EL OLVIDADO

1. Havelock Ellis. Médico inglés (1859–1939) que escribió los *Studies in the Psychology of Sex* (Estudios de psicología del sexo).

Notas de la traducción

Capítulo 2
En Palabra o en poder

a. Credo Niceno. El párrafo aquí citado corresponde en realidad al Credo niceno constantinopolitano, modificación del Credo Niceno aprobada por el Concilio de Constantinopla en el año 381. http://es.wikipedia.org/wiki/S%C3%ADmbolo _niceno#Texto_del_credo_de_Nicea (Consulta en línea 13 de enero de 2013).

Capítulo 3
El misterio del llamado

a. Isaías 6:3.

Capítulo 4
La victoria por medio de la derrota

a. Wordsworth, William. 1888. Complete Poetical Works . Bartleby.com www.bartleby.com/145/ww325.html.

Capítulo 5
El olvidado

a. Credo Niceno. El párrafo aquí citado corresponde en realidad al Credo niceno constantinopolitano. http://es.wikipedia .org/wiki/S%C3%ADmbolo_niceno#Texto_del_credo_de _Nicea (Consulta en línea 13 de enero de 2013).

b. Credo de Atanasio. Citado por Pablo A. Deiros en *Historia del Cristianismo*, Ediciones del Centro, Buenos Aires, 2005. T. I., p. 208.

CAPÍTULO 8
EL ESPÍRITU SANTO COMO FUEGO

a. 1 Timoteo 6:16.

b. Credo Niceno: El párrafo aquí citado corresponde en realidad al Credo niceno constantinopolitano. http://es.wikipedia.org/wiki/S%C3%ADmbolo_niceno#Texto_del_credo_de_Nicea (Consulta en línea 13 de enero de 2013).

c. Credo de Atanasio. Deiros, op. cit.

d. Marcos 14:26.

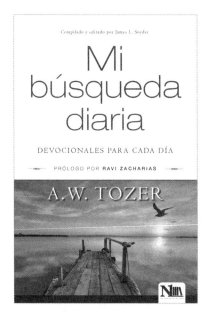

SABIDURÍA E INSPIRACIÓN
DIARIA EN TU
BÚSQUEDA
DE DIOS

Uno de los autores más inspirados e inspiradores del siglo 20 es hoy una potente voz profética para los cristianos del siglo 21. Gracias al tesoro de enseñanzas inéditas de A. W. Tozer, autor del clásico espiritual *En busca de Dios* podrás pasar un año entero fortaleciendo tu andar diario con Dios. Cada devoción incluye un pasaje de las Escrituras, una breve lectura escrita por Tozer, parte de un himno, y una oración.

Durante 365 días deja que este gran hombre de la fe le presente a tu corazón y tu mente el desafío a adorar con más sinceridad, mayor fe, oración más profunda y más pasión por Cristo.

Mi búsqueda diaria es una invitación a pasar unos minutos cada día en presencia de Jesús, guiados por uno de Sus más fieles siervos. Deja que A. W. Tozer te guíe en tu búsqueda de Dios.

A. W. Tozer fue ministro en la Alianza Cristiana y Misionera de 1919 a 1963, y fue editor de la revista *Alliance Life* de 1950 a 1963. Durante su vida, Tozer escribió numerosos libros, siendo el más famoso de ellos *La búsqueda de Dios*.

Otro libro de:  www.editorialniveluno.com *Para vivir la Palabra*

CASA
CREACIÓN

Te invitamos a que visites nuestra página
web, donde podrás apreciar la pasión por
la publicación de libros y Biblias:

www.casacreacion.com

 @CASACREACION

 @CASACREACION

 @CASACREACION

Para vivir la Palabra